ESPANHÓIS

História e engajamento

SÉRIE

IMIGRANTES NO BRASIL

ESPANHÓIS

História e engajamento

Ismara Izepe de Souza

Coordenadora da série
Maria Luiza Tucci Carneiro

Companhia
Editora Nacional

© Companhia Editora Nacional, 2006.
© Lazuli Editora, 2006

Presidente	Jorge A. M. Yunes
Diretor superintendente	Jorge Yunes
Diretora geral de produção e editorial	Beatriz Yunes Guarita
Diretor editorial	Antonio Nicolau Youssef
Gerente editorial	Sergio Alves
Coordenadora de revisão	Marília Rodela Oliveira
Preparadores e revisores	Irene Hikichi
	Nelson José de Camargo
	Sérgio Limolli
Editora de arte	Sabrina Lotfi Hollo
Assistentes de arte	Erica Mendonça Rodrigues
	Janaina C. M. da Costa
	Viviane Aragão
Coordenadora de iconografia	Maria do Céu Pires Passuello
Assistente de iconografia	Jaqueline Spezia
Produtora editorial	Lisete Rotenberg Levinbook
Assistente de produção editorial	Antonio Tadeu Damiani

Editora Lazuli

Diretor editorial	Miguel de Almeida
Editora	Luciana Miranda Penna
Diretor de arte	Werner Schulz
Diagramação	Eduardo Burato
Revisão	Elaine Ferrari
	Adriana Ribas

Dados Internacionais de Catalogação na Publicação (CIP)
(Câmara Brasileira do Livro, SP, Brasil)

Souza, Ismara Izepe de
 Espanhóis : história e engajamento / Ismara Izepe de Souza. – São Paulo : Companhia Editora Nacional, 2006. – (Série Lazuli imigrantes no Brasil / coordenadora Maria Luiza Tucci Carneiro)

 ISBN 85-04-01054-6

 1. Brasil – Emigração e imigração – História 2. Espanha – Emigração e imigração – História 3. Espanhóis – Brasil – História I. Carneiro, Maria Luiza Tucci. II. Título. III. Série.

06-5826   CDD-304.88104609

Índices para catálogo sistemático:
1. Espanhóis no Brasil : Sociologia : História   304.88104609

2006
Todos os direitos reservados

Companhia
Editora Nacional

Av. Alexandre Mackenzie, 619 – Jaguaré
São Paulo – SP – 05322-000 – Brasil – Tel.: (11) 6099-7799
www.ibep-nacional.com.br   editoras@ibep-nacional.com.br

A SÉRIE IMIGRANTES NO BRASIL é um dos múltiplos segmentos de publicações paradidáticas pelo *Proin – Projeto Integrado Arquivo do Estado/Universidade de São Paulo* que, desde 1996, desenvolve pesquisas sobre questões relativas à intolerância étnica e política no Brasil. Estudos realizados por nossa equipe junto ao Fundo DEOPS/SP, então sob a guarda do Arquivo do Estado de São Paulo, têm demonstrado que novos conhecimentos podem ser acrescentados aos estudos migratórios. Nos últimos anos temos publicado vários livros, coletâneas, revistas e inventários que oferecem novos conhecimentos sobre as comunidades de origem, assimilação e integração dos emigrantes no Brasil.

Essa parceria com a Lazuli Editora e a Companhia Editora Nacional reforça o nosso papel de educadores e produtores de conhecimento. Pretendemos aqui valorizar a diversidade como parte inseparável da identidade nacional e dar a conhecer a riqueza representada por esta diversidade etnocultural, marca do patrimônio cultural brasileiro.

Respeitando e divulgando as culturas dos grupos de imigrantes radicados no Brasil desde o século XIX, aprendemos a viver democraticamente numa sociedade plural. Nossa história têm demonstrado que, nem sempre, o Estado e o cidadão brasileiro souberam se desvencilhar de preconceitos seculares contra determinadas raças, nacionalidades e/ou religiões. A coexistência pacífica nem sempre foi regra, em diferentes momentos, sustentou-se uma política de "estranhamento" em relação ao estrangeiro.

Além de valorizarmos as singularidades de cada comunidade de imigrantes, pretendemos assumir uma postura crítica frente às relações sociais excludentes que permeiam a sociedade brasileira. Daí enfatizarmos a distinção entre diversidade cultural e desigualdade social, intolerância étnica e intolerância política.

Optamos por uma visão abrangente de cada comunidade imigratória procurando identificar as diferentes trajetórias – do país de origem ao país receptor – com ênfase na dinâmica cultural. Alguns vivenciaram situações traumáticas impostas pelas diferenças climáticas, desconhecimento do idioma e dos costumes locais. Outros, por defenderem idéias políticas "revolucionárias" foram considerados perigosos pelas autoridades brasileiras. Questões como estas nos incentivaram a escrever sobre os imigrantes ora desejáveis, ora "estrangeiros" em terras tropicais.

Radicados em diferentes regiões brasileiras, os imigrantes procuraram preservar sua identidade cultural numa espécie de resistência à cultura local. Hoje, amalgamados ao povo brasileiro, eles mantêm espaços privilegiados para a preservação da memória, verdadeiros instrumentos pedagógicos favoráveis ao diálogo e ao respeito mútuo. Daí enfatizarmos que conviver com o diferente é sempre um aprendizado, um constante desafio para consolidação da cidadania.

Maria Luiza Tucci Carneiro
Coordenadora da série

SUMÁRIO

INTRODUÇÃO	1
HISTÓRICO	3
IMIGRAÇÃO, CULTURA E POLÍTICA	29
HISTÓRIA, MEMÓRIA E IDENTIDADE	70
CRONOLOGIA	95
BIBLIOGRAFIA	100

Para Luiza e Marcelo, com todo meu amor.

INTRODUÇÃO

É possível que a maioria dos nossos leitores tenha familiaridade com o sentido da palavra emigrar, por ser migrantes ou imigrantes, ou por ter em suas famílias pessoas que não nasceram na região em que vivem. O deslocamento populacional em massa, que ocorre desde os primórdios da humanidade, é um tema que nos sensibiliza, já que direta ou indiretamente se relaciona à história de vida de quase todos os brasileiros.

Para compreendermos os processos migratórios, devemos levar em consideração, de uma forma geral:

• as implicações históricas e demográficas que envolvem o fenômeno das migrações humanas;

• as motivações e as expectativas de vida que influenciaram no ato de emigrar;

• as reações emocionais e as consequências do trauma vivenciado pelo sujeito que abandona sua pátria e sai em busca de uma vida melhor;

• os novos vínculos que o imigrante estabelece com a comunidade receptora;

• os casos de emigração forçada e a impossibilidade de retorno;

• o fato de a migração ser uma mudança e, como tal, despertar ansiedade diante do desconhecido e aguçar os sentimentos de desenraizamento e perda.

Daí as constantes perguntas: o que alimenta a vontade de partir? Até que ponto o fenômeno migratório interfere no sentimento de identidade?

Engana-se quem pensa que o tema da emigração ficou reservado ao estudo do passado. Para ressaltar a atualidade do assunto, basta lembrarmos que a busca por uma vida melhor tem motivado milhares de brasileiros a fazer o trajeto inverso, ou seja, deixar o Brasil para trabalhar em países que acenam com a possibilidade de melhores oportunidades de vida. Ao final do século 20, pudemos dizer que os rumos inverteram-se, sendo a Europa e os Estados Unidos destinos de muitos brasileiros que optam pela mudança. Quem não conhece ou pelo menos já ouviu falar de pessoas que tentam a sorte no Japão ou nos Estados Unidos? Estima-se que atualmente 2 milhões de brasileiros vivem fora do país e mais de 40 milhões não vivem no lugar em que nasceram. (BARROS, 2004)

Diante do exposto, temos como proposta apresentar ao leitor subsídios para a compreensão da história dos imigrantes espanhóis em solo brasileiro, tarefa delicada, uma vez que a história individual de cada imigrante significa um universo impossível de se apreender em modelos generalizadores. Contudo, no esforço de compreender a inserção dos espanhóis na sociedade brasileira, pretendemos analisar os principais fatores que compõem sua trajetória no Brasil.

HISTÓRICO

Em busca de uma vida melhor

Entre o final do século 19 e o início do século 20, o mundo conheceu um dos maiores movimentos populacionais que se tem notícia. Milhões de europeus saíram de seus países em direção à América, especialmente aos Estados Unidos, à Argentina e ao Brasil. Homens, mulheres, jovens, velhos e crianças se puseram a caminho, buscando condições mais dignas de sobrevivência.

A saída de milhares de espanhóis, que deixaram a segurança de seus lares para seguir rumo a uma terra desconhecida, se insere dentro de um contexto de pobreza e miséria crescente na Europa desse período. A Espanha, no início do século 20, contava com uma sociedade basicamente rural, com uma população de cerca de 18 milhões de habitantes e, ao contrário da Inglaterra e da Alemanha, era um dos países menos industrializados da Europa. Esses fatores motivaram o deslocamento populacional ocorrido na primeira década do século. A falta de perspectivas, ou seja, a impossibilidade de conquistar terras e trabalho que garantissem a sobrevivência, levou milhares de espanhóis a deixar sua terra natal.

As motivações que levaram à emigração nem sempre foram de ordem econômica. Em diferentes momentos, o Brasil recebeu imigrantes que vinham em busca de aventuras, atraídos pelo desconhecido ou pela imagem do "paraíso nos trópicos". Outros – ainda que apegados a suas raízes – foram forçados ao exílio por questões políticas e/ou religiosas. Muitas vezes, esse trauma se transforma numa espécie de "ferida que não sara", alimentando a nostalgia, a saudade da terra mãe.

A maioria dos espanhóis que emigraram para o Brasil veio em busca de uma vida melhor. A recusa em continuar a viver numa situação de exploração não deixa de ter um caráter político, já que o ato de emigrar se apresentava como uma forma de protesto às condições sociais e políticas da Espanha.

Ao final do século 19, a Espanha tinha um governo monárquico e estava envolvida em inúmeras guerras coloniais. Esses conflitos, que visavam manter as colônias na América, não surtiram o efeito desejado, tendo a Espanha de amargar a perda de suas últimas regiões de controle no Novo Continente. O fato de ter de arcar com os prejuízos financeiros advindos dos conflitos agravou ainda mais a crise econômica do país.

Em tempos de guerra o maior temor de um jovem era ser chamado para servir no Exército, pois o contingente de soldados foi se intensificando à medida que a Espanha perdia as batalhas. Assim, a emigração serviu como válvula de escape para o recrutamento militar obrigatório. Na visão de muitos jovens espanhóis, era melhor vir para a América tentar uma nova vida do que esperar ser chamado para viver o cotidiano da guerra, marcado por sofrimento e pelo perigo real de estar muito próximo da morte. Essas situações de crise – individuais e coletivas –

desencadeiam, na maioria das vezes, experiências emigratórias instigadas por algum perigo eminente: as arbitrariedades e a violência política, a miséria e a vulnerabilidade às doenças, a desintegração familiar etc.

Para o governo espanhol, a emigração era vista como uma das soluções possíveis para amenizar a densidade populacional e o desemprego. A saída de um contingente significativo de pessoas do território espanhol entre o final do século 19 e o início do século 20 permitiu melhor adequação entre os recursos financeiros e a população. Os desempregados geravam insegurança para as elites e para o governo, uma vez que a situação de miséria levava a um desespero desencadeador de revoltas populares, que deveriam ser evitadas a qualquer custo. Além disso, o Estado considerava positivo o fato de os espanhóis radicados na América enviarem recursos para os familiares que haviam permanecido na Espanha.

Passaporte para a América

Um país pleno de oportunidades, receptivo a todos que vinham "fazer a América", era a imagem que a maioria dos imigrantes tinha do Brasil. Essa idéia, no entanto, não condizia com a realidade, prenunciada pelas duras condições vivenciadas desde a hora da partida, seguidas pela longa viagem de travessia do Atlântico. O sentimento de desamparo começava bem antes do início da viagem propriamente dita. O ato de arrumar as malas implicava sempre em escolhas: o que levar ou o que deixar? (CARNEIRO, 1997)

No início do século 20, os espanhóis percorriam um penoso e longo caminho até chegar ao porto de embarque, enfrentando horas ou dias de viagem em trens e carroças. Dependendo das condições do trajeto e da distância a ser percorrida, muitos seguiam a pé em direção ao porto. Aqueles que residiam em cidades do interior da Espanha, muitas vezes, viam o mar pela primeira vez no dia em que chegavam ao porto para embarcar com destino à América.

Expressivos dessa realidade são os registros deixados pelo espanhol Eduardo Dias, que emigrou para o Brasil em 1926:

Centenas de criaturas, como nós, em fila indiana, esperavam a vez de subir na lancha que nos levaria ao enorme navio que nos esperava à distância da barra. Chamava-se "Córdoba". Era da Marinha mercante da França. Havia pertencido aos alemães, que o perderam na guerra para os franceses. Chegou a nossa vez. À tarde o navio partia. E lá íamos nós, para a América – a engrossar os milhares de imigrantes que iriam substituir o braço escravo dos negros, há pouco "libertos" no Brasil. Lançados no porão do navio, chamado terceira classe, houve a separação de homens e mulheres. Estas ficavam todas juntas em um salão e os homens em outro. Só faltavam as correntes, o demais era igual. A comida era intragável. Nos primeiros dias todos vomitavam. A diarréia era uma constante. (DIAS, 1983:6)

Os portos pelos quais saiu a maioria dos espanhóis eram os de Vigo, ao norte, e o de Gibraltar, no sul da Espanha. As disposições de cada passageiro no navio expressavam as suas condições socioeconômicas. A primeira classe possuía melhores instalações e era reservada às pessoas com maior poder aquisitivo, que, em geral, viajavam a turismo ou a negócios. Aqueles que viajavam de terceira classe ficavam instalados nos porões dos navios, que vinham, quase sempre, com lotação acima da capacidade. Essas acomodações eram precárias e as impressões que ficaram são sempre de desconforto, desamparo e ansiedade. As memórias de Eduardo Dias são bastante representativas dessa realidade. Não era sem razão que muitos espanhóis comparavam as acomodações das embarcações que os traziam ao Brasil com a dos navios negreiros que aqui aportavam durante o período colonial.

Muitos foram os casos de homens e mulheres que perderam seus companheiros durante o trajeto da Espanha até o Brasil. As péssimas condições sanitárias dos navios favoreciam a proliferação de doenças infectocontagiosas que faziam vítimas fatais. É possível imaginar a dor e o sofrimento de familiares que, após um breve ritual religioso, tinham de ver os corpos de seus pais, filhos ou companheiros sendo jogados ao mar. Não era possível esperar o desembarque para que fosse providenciado o sepultamento, pois havia risco de contágio dos demais passageiros.

Ao desembarcar em algum porto brasileiro, tudo apontava para a incerteza. Não era fácil recomeçar, mas a esperança os ajudavam a lutar por dias melhores. As experiências no país receptor nem sempre se faziam seguidas de conquistas fáceis, por isso muitos desistiam, decepcionados com a realidade brasileira que, na maioria das vezes, não correspondia à imagem que faziam da América. Para esses casos, a opção era solicitar auxílio ao governo brasileiro ou aos consulados para retornar ao país de origem.

Triste é o caso de repatriação de Maria Soledad Gimenes Molina, uma jovem de 23 anos de idade que, em 1906, desembarcou no Brasil proveniente de Málaga:

Que tendo embarcado no porto de Málaga, como immigrante junctamente com seu marido José Laria Esponto, natural do mesmo lugar e província no vapor francês "Nivernais" com destino a lavoura de este Estado, aconteceu, porem, que aos doze dias de viagem em pleno mar, falleceu seu marido victima da varíola, que se desenvolveu a bordo e que dois dias depois deu à luz uma menina que acompanha-a. Estando recolhida na Hospedaria da Immigração desde a sua chegada, que foi a 2 do corrente (mez) (1906), e como se acha debilitada em vista do acontecido, ella pede-me encarecidamente para rogar a V.E. para repatria-la para o porto de Málaga. (KLEIN, 1994:55)

No início do século 20, o trajeto de navio entre a Europa e o Brasil demorava em média 15 a 20 dias. A maioria dos espanhóis que aportou no Brasil viajou em navios de grande porte, que comportavam mais de 300 pessoas. Aquitane, Provence, Espagne e Córdoba são os nomes de algumas das embarcações mais recorrentes. A partir dos anos 40, os vapores espanhóis comumente utilizados foram os navios Cabo de Hornos e Cabo de Buena Esperanza, da empresa espanhola Ybarra, e os argentinos Yapen, Alberto Dodero, Corrientes e Salto. Após a Segunda Guerra Mundial, as viagens aéreas começaram a se tornar possíveis para alguns poucos espanhóis que optavam trocar a vida oferecida pela Espanha franquista pela realidade brasileira. Mas, em termos percentuais, pode-se dizer que a minoria desembarcou nos aeroportos brasileiros: a viagem marítima continuava a ser a opção mais barata, apesar da longa travessia pelas águas do Atlântico.

Seguir rumo a um país desconhecido não era tarefa fácil, pois as informações sobre o local de destino, na maioria das vezes, não eram condizentes com a realidade. A carência de informações era grande, afinal estamos falando de uma época na qual os meios de comunicação não geravam informações para todos. Na primeira metade do século 20, as notícias que os espanhóis recebiam sobre o Brasil eram provenientes principalmente de propagandas, que tinham por objetivo convencê-los de que esta era uma terra onde qualquer pessoa que se dispusesse a trabalhar teria grandes chances de enriquecer num curto espaço de tempo. Nesse contexto, os mitos têm um importante papel mobilizador, pelo fato de oferecer imagens paradisíacas que ajudam o emigrante a acreditar nas narrativas, nem sempre verdadeiras.

Incentivada pelo Estado brasileiro – interessado em receber mão-de-obra européia, qualificada e barata – e pelas companhias marítimas, ávidas por um alto faturamento, a propaganda interferia no imaginário coletivo. Através de fotografias majestosas das cidades e fazendas brasileiras, criava-se uma imagem positiva da natureza tropical povoada por animais exóticos e ornamentada por uma flora verdejante. A vida na cidade grande – São Paulo e Rio de Janeiro, por exemplo – exalava ares de modernidade. Eram imagens construídas, mas sedutoras para todos aqueles que queriam investir num futuro melhor. Essa mesma estratégia – a da propaganda sedutora – se prestou para trazer colonos italianos para as fazendas de café no início do século 20 e, também, judeus refugiados do nazismo que, após a ascensão de Hitler ao poder em 1933, procuraram refúgio em terras americanas. (CARNEIRO, 1997)

A propaganda de incentivo à emigração era de interesse dos proprietários de terras carentes de mão-de-obra para suas fazendas. A expansão do café para o Oeste Paulista, entre o final do século 19 e o início do século 20, proporcionou ao Brasil uma fase de desenvolvimento, favorecendo o deslocamento do eixo econômico do país do Nordeste para a Região Sudeste. Nesse período, o estado de São Paulo era o responsável pela produção de mais da metade do café consumido no mundo. Os *slogans* publicitários reproduziam a imagem do café como o "ouro negro" e as fazendas como "um mar verde". Imagens das grandes propriedades e da riqueza fácil interferiam nos sonhos emigrantes, ansiosos por conquistar um espaço potencial. Emigrantes das mais diversas nacionalidades dirigiram-se para as áreas produtoras, sendo os geradores das riquezas advindas do "ouro negro".

Na história brasileira, as elites detentoras do poder econômico posicionaram-se também como lideranças políticas. Os fazendeiros de café, por exemplo, sabiam se fazer representar entre os políticos responsáveis pelas medidas imigratórias de alcance federal. Assim, ao final do século 19, o governo brasileiro – representando os interesses da elite paulista – passou a subvencionar as passagens dos emigrantes europeus com o objetivo de suprir as necessidades de mão-de-obra nas lavouras. Ao subvencionar as passagens de espanhóis, assim como as de portugueses e italianos, o governo brasileiro esperava alavancar o progresso econômico do país. Cerca de 74% dos espanhóis vieram para o Brasil com as passagens subvencionadas. (MARTINS, 1989:9)

Aqueles que vinham com passagens subsidiadas tinham de assumir o compromisso de trabalhar nas lavouras de café por um tempo predeterminado, como forma de pagamento dos gastos de seu transporte, estadia e alimentação. Por arcarem com os custos do transporte, o governo e os fazendeiros preocupavam-se com o cumprimento do que rezava o contrato que, na maioria das vezes, era unilateral: favorável ao patrão. Ao desembarcar no Porto de Santos, os imigrantes eram controlados pelos funcionários da Agência de Imigração de Santos, pois temia-se que esses pudessem tomar outro rumo que não fosse a capital do Estado e, posteriormente, as fazendas de café.

Nem sempre aqueles que saíam da Espanha com passagens subvencionadas tinham a intenção de se fixar definitivamente no campo, como determinavam os contratos de trabalho. Muitos não tinham outra chance de deixar a Espanha se não fosse com as passagens gratuitas, mas pretendiam tentar a vida em outros ramos profissionais ou naqueles a que já estavam acostumados em sua comunidade de origem. O depoimento de Miguel C., imigrante espanhol que chegou ao Brasil em 1927, ilustra bem essa realidade:

Uma família que veio junto com a gente no navio, conseguiu escapar da migração de Santos. Na hora que o navio encostou, a gente descia daquela escada comprida e já ia entrando no trem. E os quatro filhos dessa família, que eram padeiros, eles escaparam para trabalhar em padaria. Agora nóis era tudo criança e o meu pai não tinha ofício nenhum, então viemo para trabalhar no café. (BERLINI, 1999: 86)

Os imigrantes enfrentaram duras condições de trabalho e de tratamento. Não era rara a ocorrência de abusos e maus tratos cometidos pelos fazendeiros, herdeiros do legado escravista. Acostumados com a idéia de comandar os escravos através da violência física, os proprietários de terras, muitas vezes, esqueciam que estavam travando relações de trabalho com pessoas livres.

As notícias dessa situação não tardaram a chegar até a Espanha, influenciando o governo espanhol a proibir em 1910, ainda que temporariamente, a emigração subvencionada, isto é, com passagens gratuitas fornecidas pelo governo brasileiro. Tal medida, no entanto, não obteve grande êxito, pois os espanhóis continuaram a deixar seu país mesmo sem a autorização do governo espanhol. A suspensão das autorizações expedidas pelo governo espanhol não significou melhoria das condições de vida para os espanhóis que, descontentes, preferiam deixar a Espanha de qualquer forma. Nesse contexto, as instituições ligadas à defesa dos emigrantes sugeriam com freqüência novas proibições.

Durante as décadas de 20 e 30, o fluxo imigratório espanhol diminuiu sensivelmente como conseqüência de vários fatores internos, tais como a crise do café decorrente da Primeira Guerra Mundial (1914-1919) e da queda da bolsa de Nova York em 1929. O começo da migração interna, que trouxe ao Sudeste milhares de nordestinos, também é um fator a ser considerado, pois, ainda que indiretamente, implicou na diminuição do número de imigrantes direcionados para suprir a mão-de-obra nas lavouras e indústrias de São Paulo.

Tempos de guerra

A Guerra Civil Espanhola (1936-1939) é, sem dúvida nenhuma, uma outra questão a ser considerada por todos aqueles que estudam as comunidades espanholas radicadas fora da Espanha. Durante o conflito, o fluxo imigratório diminuiu sensivelmente, mas, após seu desfecho, a emigração forçada, ou seja, o exílio, foi a solução imediata encontrada por muitos espanhóis que não podiam continuar a viver em sua terra natal. Muitas vezes, certas mudanças políticas podem produzir frentes de resistência que, em linhas gerais, configuram fluxos de emigração "voluntária" e "forçada". Esses casos se aplicam aos russos fugidos da Revolução Bolchevique de 1917, aos armênios sobreviventes dos genocídio de 1917, aos exilados da Guerra Civil Espanhola, como também aos judeus perseguidos pelos nazifascistas entre 1933 e 1945, dentre outros tantos exemplos históricos. (GRINBERG, 1984:31-32; CARNEIRO, 2004)

Entre 1936 e 1939, ocorreu na Espanha uma das mais sangrentas guerras civis de que se tem registro na história da humanidade: a Guerra Civil Espanhola. O conflito – que tirou a vida de mais de 1 milhão de espanhóis – foi deflagrado quando um grupo militar tentou dar um golpe a fim de tirar o poder das mãos do governo, de tendências esquerdistas, eleito democraticamente em 1936. Nesse ano, a vitória de uma Frente Popular descontentou os segmentos conservadores da sociedade espanhola, que não hesitaram em apoiar um golpe militar. No entanto, a reação do governo republicano fez com que o conflito se transformasse numa guerra civil, na qual os revoltosos, denominados "nacionalistas", e os defensores do governo, denominados "republicanos", travaram uma luta que contou com apoio externo de várias nações e adquiriu proporções internacionais.

Graças ao apoio recebido da Alemanha e da Itália – que nesse momento se encontravam sob a liderança Adolf Hitler e Benito Mussolini, respectivamente – os revoltosos venceram em 1939, iniciando assim a ditadura do general Francisco Franco, que governou a Espanha até sua morte, em 1975. A Guerra Civil Espanhola é considerada por muitos historiadores como um "ensaio" da Segunda Guerra Mundial, já que Hitler e Mussolini, ao auxiliar as tropas do general Franco, puderam treinar seus exércitos e testar armamentos que seriam utilizados em maior escala no conflito mundial iniciado em 1939.

As dificuldades fizeram surgir novos laços de solidariedade, tanto na Espanha como nos países que abrigavam comunidades de imigrantes espanhóis. As vítimas da guerra sofriam com a fome, a doença e a falta de abrigo. Madri, que em 1936 tinha cerca de 1 milhão de habitantes, chegou a receber 500 mil fugitivos provenientes das regiões ocupadas pelos nacionalistas. As autoridades governamentais mal davam conta de assistir os refugiados que, provenientes de Valência e Barcelona, clamavam por ajuda moral e financeira. No final de outubro de 1936, os aviões alemães e italianos deram início aos bombardeios da capital. Ao mesmo tempo, milhares de pessoas fugiam de Madri, após a notícia de que "cerca de vinte mil legionários mouros estavam cercando a cidade". (SEBE,1996:36)

Aqueles que sobreviveram aos bombardeios guardam tristes lembranças do cenário dessa tragédia, cuja dimensão foi magnificamente captada pela sensibilidade de Pablo Ruiz Picasso (1881-1973), um dos artistas espanhóis mais reconhecidos no mundo da arte contemporânea. A genialidade de Picasso – nascido em Málaga, na Espanha – produziu, em sua fase cubista, obras de grande impacto social. Os bombardeios alemães sobre a cidade de Guernica, em 26 de abril de 1936, o levaram a retratar os horrores do conflito em um mural que gerou muitas polêmicas. *Guernica* (1937), uma das obras mais importantes do século 20, ficou como o símbolo da destruição e do sofrimento vivenciado pelo povo espanhol durante a guerra civil. *Guernica* muito além da indignação de Pablo Picasso e da dor coletiva do povo espanhol, simboliza o protesto contra o fascismo. (SEBE, 1996:43)

Parte da comunidade espanhola radicada em vários estados brasileiros acompanhava atentamente os acontecimentos em sua terra natal. Ao mesmo tempo, aqueles que se identificavam com as frentes de resistência ao fascismo não escondiam sua decepção por viver no Brasil, que, desde 1930, se encontrava sob o comando de Getúlio Vargas, cujo perfil autoritário e anticomunista deve aqui ser considerado. (CARNEIRO, 2004; SOUZA, 2001)

Enquanto a Espanha se fazia tomada pelas forças do generalíssimo Franco, o Brasil glorificava o governo de Getúlio Vargas, um líder que roubava a cena política nacional. Após ter chegado ao poder em 1930, Vargas tornou-se uma das figuras mais conhecidas e contraditórias da política brasileira. Em seu governo foram instituídos benefícios sociais, especialmente para os trabalhadores das áreas urbanas. A Consolidação das Leis do Trabalho (CLT) foi instaurada em seu governo, o que possibilitou reafirmar sua imagem como "pai dos trabalhadores". No entanto, o autoritarismo de sua gestão calou a voz de muitos trabalhadores que eram partidários de ideologias políticas distintas. Em 1937, Vargas, através de um golpe, reafirmou seu poder, estabelecendo uma ditadura que perdurou até 1945.

Algumas semelhanças entre os governos de Vargas, no Brasil, e de Franco, na Espanha, podem ser destacadas, tais como o repúdio aos comunistas e a exaltação ao nacionalismo. Na verdade, Vargas nutria simpatia pelos líderes autoritários da Europa, embora o Brasil não tenha se posicionado oficialmente quanto à Guerra Civil Espanhola, o que é muito sintomático, diante do auxílio oferecido pela Alemanha e Itália às forças de Franco. Ficou explícito que as elites políticas brasileiras tinham simpatia pelos nacionalistas espanhóis e pelos princípios políticos que defendiam.

Milhares de espanhóis que lutaram ao lado dos republicanos, além de amargar a derrota, tiveram de suportar as perseguições políticas do franquismo, implacável no objetivo de eliminar as lideranças inimigas. Nesse período, muitos republicanos buscaram asilo nos países da América, mas o único país que os recebeu foi o México. Devido à imagem generalizada que se tinha dos republicanos espanhóis como "perigosos comunistas", o governo brasileiro não aceitou a entrada desses refugiados na década de 40.

Com a vitória nacionalista finalmente concretizada em abril de 1939, a Espanha presenciou o início da era de Franco que, como grande chefe do movimento nacional, permaneceu no poder aglutinando em torno de sua liderança o apoio dos segmentos de direita da política espanhola. Para Franco, a difícil tarefa de reconstruir um país marcado pela destruição e pela perda de milhares de pessoas, se acresceria outra bastante complexa: o posicionamento a ser adotado diante do conflito mundial deflagrado pouco depois do fim da Guerra Civil da Espanha.

Com a eclosão da Segunda Guerra Mundial em 1939, Hitler e Mussolini passaram a ver em Franco um aliado a quem poderiam requisitar em qualquer momento. A não adesão imediata da Espanha ao Eixo demonstrou à Alemanha e à Itália que o Generalíssimo desejava adquirir vantagens em troca de seu apoio, e que o vital auxílio dado por esses países durante a Guerra Civil Espanhola, não seria suficiente para uma tomada de decisão de tamanha envergadura.

Havia, no início do conflito mundial, uma predisposição do governo espanhol em assumir o apoio ao Eixo. No entanto, a impossibilidade de negar os acordos econômicos com os Estados Unidos aliada à demora da Alemanha em auxiliar materialmente a Espanha e ceder às suas pretensões imperiais fizeram com que Franco adiasse sua decisão. Mesmo assim, a Espanha auxiliou a Alemanha de forma indireta até 1943, permitindo a instalação de bases militares em seu território, além de facilitar os serviços de espionagem nazista.

O surto imigratório no pós-guerra

Apesar das dificuldades econômicas, o regime franquista consolidou-se e, juntamente com a ditadura de Antonio Oliveira Salazar (1889-1970) em Portugal, tornou-se uma das poucas ditaduras européias de tendência fascista que sobreviveram à Segunda Guerra Mundial. No início dos anos 50, a Espanha continuava a passar por dificuldades econômicas, apesar de os acordos econômicos com os Estados Unidos garantirem o início da recuperação do país. A população, de uma maneira geral, era privada de oportunidades de trabalho e não vislumbrava melhorias nas condições sociais. Esses fatores geraram um novo surto emigratório de espanhóis para o Brasil.

A herança da Guerra Civil Espanhola – que tirou a vida de membros de praticamente todas as famílias da Espanha – se fazia sentir, mesmo após uma década do término do conflito. A guerra e seus desdobramentos continuavam a fazer parte da vida dos espanhóis, trazendo conseqüências não apenas de ordem econômica, mas também de caráter psicológico.

As conseqüências econômicas se expressavam pelas duras condições de vida dos espanhóis nos anos 40: ausência de comida, e dificuldades para reconstruir as regiões devastadas pela guerra. Mas, para muitos imigrantes que chegaram no Brasil nos anos 50, a situação econômica se aliava a um fator de caráter emocional, pois as rivalidades entre os dois grupos que se formaram durante o conflito – nacionalistas X republicanos – ainda se fazia sentir. Os republicanos que sobreviveram e não tinham engajamento político suficiente para estar nas prisões do governo franquista conviviam com as dificuldades geradas por um governo que os condenava por "ter apoiado o lado perdedor". Para muitos cidadãos, não era possível continuar vivendo em uma Espanha controlada por um ditador.

O que também motivava o desejo de emigrar não era somente a falta de perspectiva de trabalho, mas o desejo dos espanhóis de adquirir um estilo de vida que não era possível na Espanha nesse período. O desejo de consumir produtos símbolos da modernidade capitalista, tais como carros ou mesmo aparelhos elétricos para o lar, era também o que impulsionava os espanhóis a tentar a vida em outro país (PERES, 2003). O padrão de consumo norte-americano começava a ser conhecido e desejado não apenas pelos espanhóis, mas também por populações de outros países como o Brasil.

No Brasil, os anos 50, denominados também de "anos dourados", foram caracterizados por governos democráticos e pela implementação de projetos que visavam à rápida modernização e industrialização do país. Comprometido com o nacionalismo e tendo chegado ao poder "nos braços do povo", como ele mesmo costumava dizer, Getúlio Vargas foi eleito democraticamente e assumiu o governo em 1951. O Brasil despontava como um "país do futuro", e essa visão foi reforçada em 1956, com a chegada de Juscelino Kubitschek ao poder. Havia a promessa de que a superação do atraso brasileiro se daria através da industrialização em curto prazo. A população experimentou um estado de euforia e crença no progresso do país que pode ser simbolizado pela construção de Brasília, em 1960. A construção da nova capital mobilizou energia dos brasileiros e grandes recursos do governo.

Nesse período, devido aos fatores mencionados, ocorreu a segunda onda imigratória de espanhóis para o Brasil. A imigração espanhola era incentivada pelo governo brasileiro, que fazia questão de propagar na Espanha quanto nosso país era receptivo e pleno de oportunidades. É claro que havia a intenção de trazer ao país hispânicos cujas profissões auxiliassem no progresso industrial brasileiro. O discurso do governo pautava-se na idéia de que os imigrantes deveriam auxiliar no processo de superação do "atraso" brasileiro. Técnicos para a indústria e mão-de-obra qualificada eram os perfis desejados. Mas na realidade, a maioria daqueles que adentraram o território brasileiro não se enquadravam nesse perfil.

Os camponeses foram os que percentualmente compuseram a maioria dos espanhóis que emigraram para o Brasil entre 1946 e 1964. Apesar de ter experiência em profissões relacionadas à vida no campo, a maioria dos espanhóis que aqui chegou após a Segunda Guerra Mundial se estabeleceu nas áreas urbanas, principalmente na cidade de São Paulo.

Nos anos 60, a situação econômica da Espanha passou a apresentar sinais de melhora. Francisco Franco permaneceu governando com mão de ferro e o país apresentava-se, sob o ponto de vista político, sem perspectivas de participação popular. A ausência de democracia porém, passou a conviver com reformas econômicas que possibilitaram o crescimento da nação, elevando a patamares significativos o nível de vida do povo espanhol. Esse cenário fez com que a migração fosse diminuindo, até praticamente se extinguir no final dos anos 60.

As relações entre Brasil e Espanha na atualidade

Os caminhos brasileiros e espanhóis voltaram a se cruzar por conta da globalização e da realidade dos dois países, que hoje é muito diferente daquela vivenciada nos períodos da primeira e segunda onda imigratória. A presença da Espanha no Brasil voltou a ser significativa, não em forma de deslocamentos populacionais, mas sim através dos investimentos e capitais.

Na última década do século 20, grandes fluxos de capital espanhol entraram no Brasil. A Telefónica da Espanha, por exemplo, passou a dominar o mercado de telefones móveis no Brasil e os bancos Bilbao-Vizcaya e Santander apresentam-se como exemplo dos investimentos espanhóis na área financeira. Em um curto espaço de tempo, passamos a ser o país latino-americano onde há mais investimentos espanhóis, perdendo apenas para os Estados Unidos no que diz respeito aos capitais externos.

Desde a década de 90, o Instituto Cervantes, ligado ao Ministério de Assuntos Exteriores da Espanha, promove a difusão da cultura dos países que falam a língua espanhola. O instituto, que no Brasil tem uma representação em São Paulo e outra no Rio de Janeiro, conta com sedes espalhadas em vários países do mundo e é um exemplo da tentativa de aproximação e intercâmbio cultural que a Espanha vem realizando em nosso país.

Brasil e Espanha, ao longo da segunda metade do século 20, superaram a dependência da economia agrícola, tornando-se países industrializados. A história política dos dois países, no entanto, foi muito distinta, embora o autoritarismo tenha feito parte da realidade de ambos. Com a morte de Franco em 1975, a Espanha passou por um processo pacífico e por isso exemplar de retorno à democracia, adotando a monarquia constitucional como forma de governo. Nessa época, o Brasil vivenciava uma ditadura controlada pelos militares, que só chegou ao final em 1985 com a eleição indireta do civil Tancredo Neves para a Presidência.

Embora tenham em seu passado recente a marca do autoritarismo, tanto o Brasil quanto a Espanha atravessam uma fase democrática sem precedentes em suas respectivas histórias. Brasileiros e espanhóis, atualmente, participam das decisões políticas através do voto. No momento em que a autora escreve este livro, na Espanha, o rei Juan Carlos de Bourbon é o chefe de Estado, mas as decisões políticas são definidas democraticamente tendo à frente um primeiro-ministro, cargo similar ao de presidente da República no Brasil.

Em termos sociais, nós, brasileiros, estamos muito aquém dos espanhóis. A imensa desigualdade social, que nos coloca entre os primeiros lugares nas estatísticas sobre a má distribuição de renda, é um problema que a Espanha soube superar. O desemprego é uma das conseqüências da globalização e atinge quase todos os países. Espanha e Brasil têm altas taxas de desemprego, mas a fome e a miséria, problemas sociais que atingem milhares de pessoas no Brasil, são menos sentidas entre os espanhóis. O analfabetismo, por exemplo, um problema social que o Brasil ainda não pode considerar extinto, foi praticamente erradicado na Espanha à época do franquismo.

Entretanto, a sociedade espanhola convive com muitos outros problemas, dos quais o terrorismo é o principal. O grupo separatista ETA, que reivindica a separação do País Basco, uma região de muitas peculiaridades culturais na Espanha, praticou inúmeros atentados terroristas, mas que nos últimos anos vem sendo contidos. O medo, porém, voltou a assolar os espanhóis a partir do atentado ocorrido em 11 de março de 2004, quando cerca de 200 pessoas morreram em explosões simultâneas em estações de trem de Madri. O atentado, assumido pelo grupo Al Qaeda, foi uma represália do grupo islâmico ao apoio que o governo do Partido Popular de Jose Maria Aznar deu à guerra no Iraque. Milhões de espanhóis saíram às ruas das principais cidades da Espanha para *manifestar o repúdio aos atentados e o apoio da Espanha aos Estados Unidos. As eleições, que aconteceram três dias depois do ocorrido, deram vitória ao socialista José Luis Rodriguez Zapatero, ficando evidente que o impacto psicológico dos atentados definiu os rumos do pleito, já que a população responsabilizou moralmente o governo de Aznar pelos atos criminosos. Zapatero, cumprindo o prometido, retirou as tropas espanholas do Iraque.*

Atualmente, o Brasil recebe milhares de espanhóis que optam em residir nas grandes capitais, especialmente em São Paulo. Mas essa opção nada tem a ver com os motivos que fizeram as gerações anteriores atravessar o Atlântico. Profissionais espanhóis, ao assumir cargos de destaque nas empresas espanholas, geralmente residem apenas por algum tempo no Brasil. As motivações socioeconômicas que impulsionaram a imigração espanhola para o Brasil agora empurram os brasileiros para fazer o destino inverso. É cada vez maior o interesse de brasileiros filhos ou netos de espanhóis em adquirir cidadania espanhola para tentar a vida e, quem sabe, fixar-se definitivamente na Espanha.

Espanhóis no Brasil: dados quantitativos

As estatísticas sobre a entrada de estrangeiros no Brasil apontam para a existência de duas ondas imigratórias de espanhóis: nas duas primeiras décadas do século 20 e no pós-guerra, especialmente nos anos 50, como podemos constatar na tabela a seguir.

IMIGRAÇÃO ESPANHOLA PARA O BRASIL – (1872-1972)

Período	Brasil	Estado de São Paulo
1872-1877	1.552	n.d.
1878-1881	5.792	n.d.
1882-1884	7.331	694
1885-1889	18.738	4.843
1890-1894	89.6094	2.316
1895-1899	74.684	44.678
1900-1904	23.146	18.842
1905-1909	90.086	69.682
1910-1914	143.485	108.154
1915-1919	38.166	27.172
1920-1924	44.906	36.502
1925-1929	37.025	27.312
1930-1934	9.751	4.876
1935-1939	3.175	1.708
1940-1944	610	181
1945-1949	4.092	1.136
1950-1954	55.874	34.256
1955-1959	38.819	28.040
1960-1964	25.495	12.924
1965-1969	2.902	86
1970-1972	949	177
TOTAL	**701.377**	**462.885**

n.d. = não disponível

Fonte: LEVY, Maria Stella Ferreira. "O papel da migração internacional na evolução da população brasileira (1872 a 1971)". In: *Revista de Saúde Pública 8* (Supl.). São Paulo, 1974, tabela 8, p.83. Apud. KLEIN, Herbert. *A Imigração Espanhola no Brasil*. Série Imigração. São Paulo: Sumaré; FAPESP, 1994, Tabela A3, p. 109.

A presença espanhola no Brasil pode ser verificada antes mesmo dos períodos de grande fluxo imigratório no século 20. Se nos remetermos aos tempos coloniais, verificamos que, entre os anos de 1580 e 1640, os reinos de Portugal e Espanha se uniram e o Brasil, enquanto colônia, acabou sofrendo as influências da corte espanhola. Durante o período colonial, houve constante interesse dos espanhóis pelo Brasil, principalmente nas regiões litorâneas de São Paulo e Santa Catarina. Vale lembrar que o padre José de Anchieta, fundador da cidade de São Paulo, era espanhol.

ESPANHÓIS RADICADOS NO BRASIL, 1920

Acre	97	Bahia	2.489
Amazonas	986	Minas Gerais	6.809
Pará	3.355	Espírito Santo	1.055
Maranhão	65	Rio de Janeiro	4.900
Piauí	5	Distrito Federal	18.221
Ceará	23	São Paulo	171.289
Rio Grande do Norte	19	Paraná	1.817
Paraíba	13	Santa Catarina	806
Pernambuco	1.014	Rio Grande do Sul	5.359
Alagoas	38	Mato Grosso	570
Sergipe	20	Goiás	192
TOTAL	**219.142**		

Fonte: CAMARGO, José Francisco. *Crescimento da População no Estado de São Paulo e Seus Aspectos Econômicos*. Boletim da Faculdade de Filosofia, Ciências e Letras da USP, n.153, 3 vols. São Paulo, 1952, v.II, p.54. In: BERLINI, Cinthia Stela Negrão. *Espanhóis em Bauru: Histórias de Vida, 1896–1930*. Dissertação de Mestrado em História. Assis: UNESP, 1999, p. 55

A imigração espanhola, ou seja, a chegada de fluxos populacionais começou a ocorrer em termos organizados a partir de 1884. Nesse primeiro período, o Brasil recebeu grande contingente de camponeses que se dirigiram, principalmente, para as áreas de expansão da produção cafeeira.

Qualquer dado estatístico que se relacione à imigração nos oferece importantes pistas sobre a inserção dos espanhóis na formação da sociedade brasileira, mas não pode ser visto como verdade absoluta. Isto porque os levantamentos estatísticos são feitos com base em informações oficiais realizadas a partir da entrada de imigrantes legais. Sabemos, no entanto, que muitos espanhóis, por entrar no Brasil na condição de clandestinos, não foram contemplados pelos dados oficiais.

IMIGRAÇÃO, CULTURA E POLÍTICA

Trajetórias cruzadas

Para o imigrante chegar numa terra desconhecida significava iniciar uma nova etapa de sua vida. Mesmo tentando preservar sua cultura, seus hábitos alimentares ou sua língua, a vida no Brasil os forçaria a conviver com uma realidade distinta daquela que conheciam. Dedicar-se ao trabalho para alcançar a prosperidade financeira tornou-se o objetivo da maioria.

Quando chegavam nas fazendas de café, os espanhóis deparavam com condições de moradia bastante precárias. As casas não eram feitas pelos colonos e sim preparadas pelos fazendeiros para receber os imigrantes. De forma geral, eram casas muito pequenas, ou mesmo senzalas adaptadas. Nesse aspecto, os imigrantes que foram para o Sul tiveram mais autonomia: a princípio construíam os próprios barracões que, aos poucos, iam sendo melhorados a seu gosto.

A dedicação ao trabalho era integral e coletiva, envolvendo mulheres e crianças. Adquirir uma propriedade no futuro dependia do resultado desse trabalho em conjunto. Para juntar suas economias, os imigrantes submetiam-se a sacrifícios, privando-se de tudo que fosse considerado supérfluo. Após anos de trabalho árduo, alguns poucos conseguiam a tão sonhada propriedade da terra. Famílias que não se adaptavam às condições no campo migravam para as áreas urbanas, em busca de melhores oportunidades.

Os imigrantes espanhóis eram, majoritariamente, católicos. Preservaram a prática religiosa, pois ligar-se à Igreja Católica significava mais do que exercitar a fé para o conforto espiritual, sendo essa a forma de manter vínculos com a Espanha e participar dos raros momentos de lazer. Afinal, a diversão era possível graças às festas promovidas pelas paróquias, como as de casamento, as quermesses beneficentes ou aquelas em comemoração aos dias santos. Nessas ocasiões, quebrava-se a monotonia e o silêncio noturno que caracterizava a vida no campo.

As espanholas, de forma geral, eram muito fervorosas na maneira de expressar sua fé. Construir uma igreja ou freqüentar as que estavam mais próximas de suas residências tornou-se uma prática comum no dia-a-dia das famílias espanholas radicadas no campo. A paróquia constituía a única instituição com a qual estavam familiarizados. A igreja apresentava-se como o local onde os espanhóis podiam se sentir pertencentes a um grupo organizado, longe do sentimento de humilhação a que eram submetidos pelos patrões nas fazendas.

A vida urbana nas grandes cidades, apesar dos grandes espaços, das condições precárias de moradia e da violência, também se prestava como um elo entre os imigrantes. Famílias inteiras tinham de dividir espaços reduzidos e banheiros coletivos. As pensões ou cortiços proporcionavam o contato dos espanhóis com outros grupos, especialmente com italianos e portugueses, facilitando o processo de integração e, até mesmo, os casamentos mistos.

A maioria dos espanhóis que veio para o Brasil, tanto nas primeiras décadas do século 20 quanto nos anos 50, era de origem campesina e se identificava como agricultores. É provável que os registros da primeira onda imigratória apontem um percentual de agricultores acima da realidade, pois, sabendo do interesse do governo brasileiro em receber braços para a lavoura, muitos espanhóis que nunca tinham vivido no campo, e que desejavam vir ao Brasil com passagem subsidiada, identificavam-se como agricultores.

Nas grandes cidades brasileiras, os espanhóis provenientes da Galícia se constituem em maioria. Essa região da Espanha, que tem língua e tradições culturais próprias, sempre sofreu a dominação do governo central da Espanha que, em muitos momentos da história, tentou abafar as diferenças culturais de seu povo. Os galegos sempre foram conhecidos por sua disposição de migrar para outras regiões da própria Espanha em busca de melhores oportunidades.

Os camponeses galegos buscavam oportunidades primeiramente nas cidades da Espanha, mas, quando essa medida não trazia os benefícios financeiros esperados, migravam para os países vizinhos. O trabalho sazonal, isto é, temporário, era adotado como forma de garantir a subsistência da família. Os galegos dirigiam-se para as regiões em que havia necessidade de mão-de-obra extra, como na época de colheitas, por exemplo. Terminado o trabalho, voltavam para suas casas. A emigração era o último recurso, uma decisão que era tomada somente depois de esgotadas as possibilidades descritas.

Ao contrário de outros grupos de estrangeiros, era raro encontrar um imigrante espanhol que tivesse alguma formação técnica ou fosse especialista. Nos anos 50, esses eram mais comuns, mas mesmo assim constituíam uma minoria. Também não podemos deixar de mencionar os milhares de freiras e padres que vieram para o Brasil, principalmente nas décadas de 50 e 60. Nas listas de desembarque do Porto de Santos, nas quais constam informações sobre os imigrantes que aqui aportavam, podemos verificar que milhares de espanhóis se apresentavam como religiosos, declarando como local de destino igrejas ou paróquias. Consta, por registros históricos, que esses padres assumiram a liderança de paróquias católicas nas mais variadas cidades brasileiras.

O catolicismo no Brasil e na Espanha: ponto de interseção

A história da Espanha não pode ser estudada sem destacarmos a influência que o catolicismo sempre exerceu entre o povo espanhol, sendo um elemento de grande importância na formação da sociedade espanhola e de sua cultura. Grande proprietária de terras, a Igreja Católica teve seus interesses defendidos e preservados durante a maior parte do século 20.

É difícil falarmos das "características do povo espanhol" uma vez que são grandes as diferenças de língua e cultura entre as regiões da Espanha. No entanto, a adesão ao catolicismo pode ser identificada como um fator comum entre essas regiões, tão distintas em outros aspectos.

No que se refere à religiosidade, Brasil e Espanha têm muitos pontos em comum. Em ambos os países, o catolicismo é a religião praticada pela maioria da população, tendo forte influência em sua formação cultural. No Brasil, a influência cultural da colonização portuguesa pode ser verificada em simples detalhes de nosso cotidiano. Não somente a língua, herança de maior destaque na nossa história, mas também muitos costumes portugueses na alimentação e no modo de agir se incorporaram à identidade brasileira. Essa identidade é fruto também da presença da Igreja Católica no Brasil desde o início da colonização. Através de um passeio pelas pequenas cidades, podemos atestar a preponderância da Igreja Católica ao longo da história brasileira. Nesses locais, a igreja e a praça que a rodeia sediavam os eventos sociais que envolviam toda a comunidade.

Até hoje, a Espanha é um dos países europeus que mais preservam as tradições católicas. Vale lembrar a importância das igrejas medievais, que todo ano são visitadas por milhares de turistas. O caminho de Santiago de Compostela, na região da Galícia, é um dos roteiros de turismo religioso mais conhecidos no mundo.

É difícil fixarmos um perfil do imigrante hispânico, uma vez que existem profundas diferenças culturais entre as regiões da Espanha. Essas diferenças – que são seculares – se perpetuaram na história de vida desses cidadãos radicados no Brasil em fases distintas. Mas podemos avaliar que existem alguns pontos em comum entre os espanhóis que aqui chegaram no início do século 20, como o fato de não ser alfabetizados. Poucos eram os que sabiam ler e escrever.

Até então, o acesso às escolas era privilégio de poucos, não apenas na Espanha mas em grande parte dos países europeus e americanos. Essa situação, no entanto, se alterou rapidamente a partir dos anos 40. O governo do general Franco, a despeito de suas tendências autoritárias, investiu na educação básica, possibilitando que as taxas de analfabetismo reduzissem significativamente. Apesar de ser camponeses em sua maioria, os que emigraram a partir do término da Segunda Guerra Mundial tinham escolaridade suficiente para assinar seus nomes. Ao contrário dos que chegaram no início do século 20 e se declaravam sem instrução, a maioria dos imigrantes que vieram a partir dos anos 50 declaravam-se alfabetizados. Uma mudança expressiva ocorrida num curto espaço de tempo, ou seja, em menos de meio século.

Outra característica dos espanhóis radicados no Brasil é sua tendência à endogamia, ou seja, os espanhóis tendiam mais a se casar com pessoas da mesma nacionalidade e menos com brasileiros e estrangeiros. Se comparadas a outros grupos étnicos, as espanholas só perdiam para as italianas no que diz respeito à fertilidade (KLEIN, 1994: 82). Vale lembrar que essa forma de "fechamento" em comunidades de origem nem sempre foi aceita pelo Estado, avesso às diferenças, haja vista o grande número de registros oficiais e obras de intelectuais brasileiros que alertavam para os perigos dos enquistamentos étnicos e políticos. Dependendo do pêndulo ideológico do governo brasileiro, o inimigo objetivo era um: ora os japoneses ("perigo amarelo"), ora os judeus ("perigo semita"), ora os comunistas ("perigo vermelho"). (CARNEIRO, 2004)

O trabalho dos imigrantes contribuiu para o desenvolvimento do Brasil, mas, quando se menciona essa contribuição, são freqüentes as referências aos estrangeiros que conseguiram enriquecer, tal como a família italiana Matarazzo, proprietária de um império que reunia negócios em ramos diferenciados. Mas não podemos nos esquecer que esses são casos de exceção e não podem ser vistos como representativos do destino da maioria dos que emigraram para o Brasil.

Apesar da perseverança e do esforço, muitos dos imigrantes espanhóis não enriqueceram. É claro que grande parte deles, após anos de trabalho, conseguiu proporcionar a seus descendentes condições de vida melhores do que as perspectivas que tinham na Espanha. No entanto, esse é um assunto no qual as afirmações do tipo "todos conseguiram enriquecer", ou "todos não conseguiram seus objetivos" não dão conta de explicar os destinos tão diversos dos que aqui chegaram.

As dificuldades encontradas no Brasil elevaram as taxas de reemigração. Sabemos que grande parte dos emigrantes que resolveu emigrar para o Brasil sonhava com o dia em que poderiam retornar a seu país e iniciar uma vida de conforto material diferente daquela que haviam deixado para trás quando decidiram se pôr a caminho da América. O retorno só era admitido dentro dessa perspectiva. No entanto, a maioria dos que voltaram para a

Espanha o fez por desencanto, por ter perdido as esperanças de conquistar uma vida melhor no país receptor.

Não era fácil admitir, diante dos familiares e amigos que haviam permanecido na Espanha, que haviam fracassado no objetivo de acumular recursos do outro lado do Oceano Atlântico. O imigrante de forma geral, quando retornava à sua pátria por não haver conseguido cumprir com seus objetivos econômicos, acabava por ser visto pela sociedade como um cidadão duplamente fracassado, pois não havia conseguido ascender socialmente (nem em seu país, nem no exterior). Embora tivesse tido a coragem e o desprendimento de se aventurar em terras não conhecidas, é provável que esses cidadãos carregassem consigo um forte sentimento de derrota e humilhação.

Uma segunda tentativa foi feita por mais da metade dos espanhóis que deixou o Brasil. Em vez de seguir direto para a Espanha, muitos optaram por fazê-lo via Argentina ou Uruguai. Sempre entrava em questão uma segunda tentativa. Ali poderiam vencer a barreira do idioma, uma vez que o espanhol é a língua oficial desses dois países, além de terem a oportunidade de conviver em uma sociedade que lhes proporcionava maiores afinidades culturais.

Os espanhóis no estado de São Paulo

Estima-se que cerca de 80% dos espanhóis que vieram para o Brasil se estabeleceram no estado de São Paulo. Sendo assim, grande parte das informações contidas neste livro se refere à história e à experiência desses imigrantes.

A cidade brasileira com a qual a maioria dos imigrantes teve o primeiro contato foi Santos, a principal porta de entrada da imigração para o Brasil. Aqueles que seguiam para São Paulo, mal tinham tempo de conhecer a cidade portuária. Mas é interessante observar que muitos espanhóis optaram por ali mesmo permanecer, deixando suas marcas e tendo grande importância na formação de bairros e no comércio santista. Há registros de que um contingente expressivo de hispânicos tenha se estabelecido no litoral sul do estado, em cidades como Peruíbe, Iguape, Itanhaém e Mongaguá, dedicando-se ao cultivo da banana, fruta bastante comum nessas regiões.

Em Santos, os espanhóis dedicaram-se a diversas atividades, especialmente na área de prestação de serviços. Em 1913, mais de 8 mil espanhóis já residiam nessa cidade. Grande parte dos garçons e dos empregados em hotéis e restaurantes eram espanhóis, atividades, aliás, que garantiam muitos empregos, tendo em vista o número de visitantes temporários que a cidade recebia.

Os que ascenderam socialmente na cidade portuária construíram suas vidas através da dedicação aos estabelecimentos comerciais. Muitos armazéns de secos e molhados eram de propriedade de espanhóis. A maioria, contudo, teria de se sujeitar a empregar-se em atividades de pouco prestígio social. O trabalho como estivador no Porto de Santos também envolveu muitos espanhóis. Os jornais dessa cidade noticiavam freqüentemente os abusos dos patrões com relação ao excesso de trabalho e as precárias condições dos empregados da Companhia Docas de Santos. Mesmo aqueles que gozavam de uma boa estrutura física apresentavam problemas de saúde após alguns anos de trabalho pesado. Carregar sacas de produtos, no embarque ou desembarque dos navios, acarretava problemas na coluna e na estrutura óssea, sem falar da maior suscetibilidade a doenças tais como a tuberculose.

Aqueles que optaram por seguir direto para São Paulo viajavam de trem até a capital. Enquanto subiam a serra, a visão de uma terra rica, plena de oportunidades ainda soava como verdadeira, pois a riqueza da vegetação e a beleza das paisagens estavam de acordo com uma visão de Brasil que lhes era apresentada ainda na Espanha. No entanto, essa primeira visão sofria sérios abalos já no desembarque na Hospedaria dos Imigrantes.

Construída no final do século 19 para abrigar temporariamente os imigrantes que chegavam a São Paulo, a Hospedaria dos Imigrantes foi projetada para receber simultaneamente em torno de 3 mil imigrantes das mais diferentes nacionalidades. O prédio, que fora construído no bairro do Brás, comportava diversas repartições onde os imigrantes faziam as primeiras refeições, descansavam e negociavam sua mão-de-obra. Ali permaneciam em média três dias, até que se confirmasse seu encaminhamento para as fazendas de café no interior paulista ou, ainda, para alguns bairros da cidade de São Paulo. Italianos, portugueses, espanhóis, japoneses, alemães, entre outras nacionalidades, tinham de conviver e dividir o mesmo espaço. Um brasileiro que ali chegasse teria a impressão de que compartilhava uma verdadeira "torre de Babel", tamanha a diversidade de línguas e costumes que se presenciava no lugar.

As lembranças que muitos imigrantes guardaram da hospedaria não são positivas, sendo o local recordado como uma espécie de prisão, já que durante a sua estadia não chegavam a se afastar dela, convivendo forçosamente com milhares de outros hóspedes e funcionários. A ausência de liberdade já se fazia sentir no desembarque em Santos, quando eram "despejados" nos vagões dos trens, desembarcando diretamente no pátio da hospedaria, localizada às margens dos trilhos da ferrovia que realiza o trajeto Santos-São Paulo.

A expansão da economia cafeeira pôde contar com a mão-de-obra dos espanhóis que ajudaram a construir a história de muitas cidades do interior do estado de São Paulo. Essas cidades fazem parte do chamado Oeste Paulista, região na qual a expansão do café ocorreu de maneira rápida, concentrando núcleos de imigrantes das mais diversas nacionalidades. Como bem observa o historiador José de Souza Martins, grande parte dos espanhóis não chegou no auge da produção cafeeira, ocorrida no século 19. Nas primeiras décadas do século 20, a produção cafeeira finalizou sua fase de expansão e os imigrantes italianos iniciaram um processo de abandono dessas regiões produtoras, ou para se estabelecer nos centros urbanos, ou para regressar para a Itália. Assim, os espanhóis serviram para repor essa força de trabalho. (MARTINS, 1989:9)

Por não ter chegado no período de maior expansão do café, os espanhóis passaram, com mais freqüência do que os italianos, pela experiência da frustração e da decepção, pois a situação da economia não proporcionava o enriquecimento ou, pelo menos, a melhoria de condições de vida num curto espaço de tempo. No entanto, algumas famílias espanholas conseguiram adquirir a tão sonhada terra. Em 1905, a região central da zona cafeeira abrigava cerca de 73% das 476 propriedades rurais de espanhóis existentes no estado de São Paulo. No entanto, não chegaram a se transformar em concorrentes da elite brasileira do café, como aconteceu com os italianos, que se tornaram grandes produtores desse produto. Segundo Herbert Klein, os espanhóis dedicaram-se mais à produção de frutas, verduras e legumes. (KLEIN, 1994: 66)

Aqueles que migravam para as cidades em busca de melhores oportunidades de trabalho encontravam uma situação não menos difícil, mas deparavam com um cenário urbano mais suscetível a mudanças e à mobilidade social. Se nas fazendas de café não restava outra atividade senão a de plantar e colher, nas cidades, os imigrantes experimentavam um sentimento de liberdade de escolha, podendo optar pelo tipo de serviço que gostariam de desempenhar. No entanto, as opções restringiam-se a se tornar empregados do comércio ou da indústria. Na cidade de Sorocaba na década de 30, por exemplo, muitas indústrias, especialmente as da área têxtil, contratavam espanhóis.

Aliás, o movimento operário nessa região contou com a expressiva liderança de espanhóis, como veremos adiante.

O estabelecimento inicial nas áreas urbanas era possível principalmente para aqueles imigrantes que não vinham com passagens subsidiadas. Sem a obrigação de cumprir contratos de trabalho, os hispânicos que vieram espontaneamente tiveram a chance de escolher o local onde queriam permanecer.

Os espanhóis, assim como os imigrantes de outras nacionalidades, também se dedicaram às atividades ferroviárias. A atuação nesse ramo profissional era diversificada, abarcando desde a construção de estradas e vagões até a direção das locomotivas. Vale lembrar que a expansão do café gerou a necessidade de facilitar seu transporte até os pontos de escoamento para o exterior. Com a expansão do café para o Oeste Paulista, a distância entre os cafezais e os portos foi aumentando, havendo a necessidade de redução do tempo de transporte que, na primeira metade do século 19, ainda era feito por tropeiros, no lombo das mulas.

A primeira estrada de ferro do estado, a São Paulo *Railway*, foi construída por uma companhia inglesa ligando o Porto de Santos à cidade de Jundiaí. À medida que o café se expandia e as regiões de plantio ficavam cada vez mais distantes do trecho inicial da *railway*, outras ferrovias foram surgindo, tais como a Ferrovia Sorocabana, a Mogiana, a Araraquarense e a Noroeste. Todos os trilhos acabavam convergindo para o terminal de Jundiaí, onde a *railway* terminava o transporte do café até Santos.

Uma das maiores concentrações de imigrantes espanhóis no estado de São Paulo ocorreu nos arredores da cidade de Bauru, na qual, em 1905, se originou a Estrada de Ferro Noroeste do Brasil. Por seu longo percurso, essa estrada teve um importante papel na história do povoamento e colonização do sertão noroeste paulista. O surgimento dessa ferrovia está relacionado ao extermínio dos índios cainguangues que habitavam essa região. As terras indígenas rapidamente foram tomadas pelos interessados na expansão do café.

A remoção dos índios, que constitui uma parte trágica da história do desenvolvimento paulista, foi feita de diversas formas, desde o enfrentamento direto até estratégias covardes utilizadas pelos colonizadores como a disseminação proposital de doenças. Nessa região, o grupo de imigrantes espanhóis era o que mais se destacava em termos numéricos, sendo eles utilizados pelos capatazes das fazendas como transmissores de doenças aos índios, já que a incidência de varíola era expressiva entre os espanhóis. Quando um deles ficava doente, o capataz da fazenda levava suas roupas, carregadas por longas varas de pescar, para os locais por onde passavam os índios. Estes, ao julgar que as roupas estavam abandonadas, levavam-nas para a tribo, disseminando assim a doença. (ALVIM, 1998:280)

Ao contrário das cidades que receberam um contingente expressivo de galegos, as áreas cafeeiras contaram com uma migração proveniente do sul da Espanha. Aqueles que se estabeleceram em Bauru e proximidades vinham principalmente da região de Andaluzia.

Mesmo com a política imigratória do estado de São Paulo incentivando o direcionamento para as fazendas de café, sabe-se que grandes contingentes de imigrantes se estabeleceram nas cidades. Assim, no início do século 20, a cidade de São Paulo passou a receber estrangeiros que, descontentes com o trabalho nas fazendas ou vislumbrando melhores oportunidades, deixavam o campo em direção à capital. Entre o final do século 19 e o início do século 20, São Paulo recebeu milhares de estrangeiros, transformando-se em um dos maiores centros receptores de imigrantes do mundo.

Importante ressaltar que as contribuições que os estrangeiros deram à cidade não se restringem apenas ao aspecto econômico. É claro que os imigrantes ajudaram a transformar São Paulo no principal pólo econômico do país, mas as marcas que deixaram, do ponto de vista cultural, político e religioso, não podem ser esquecidas. A capital paulista transformou-se em um mosaico de diversas nacionalidades. Um viajante que visitasse a cidade no início do século se impressionaria com a multiplicidade de línguas e sotaques que ouviria nas ruas.

Habituados a residir em pequenas comunidades na Espanha – que muito se diferenciavam dos modernos centros urbanos – os espanhóis teriam de deixar para trás um estilo de vida muito particular. Se em sua região de origem o convívio dava-se com pessoas que falavam a mesma língua, ao chegar em São Paulo, os imigrantes teriam de conviver, além dos brasileiros, com europeus de outras nacionalidades, africanos e asiáticos, portadores de culturas distintas.

Jose Martinez Lopez e Genoveva Ciudad Elena, com os sete filhos em 1911, ano em que emigraram para o Brasil. O trauma gerado pela participação na Guerra das Filipinas, entre 1895 e 1897, levou Jose Martinez Lopez a optar pela saída da Espanha antes que seus filhos chegassem à idade do recrutamento militar. (Acervo de família)

Os espanhóis – ao contrário dos italianos que se concentraram em determinadas áreas da cidade de São Paulo, ainda hoje conhecidas como redutos dessa comunidade, tais como o bairro do Bexiga – dispersaram-se com maior facilidade. Sabemos que no início do século 20, os espanhóis moravam principalmente na região central da cidade, especialmente nas Ruas Caetano Pinto, Carneiro Leão e do Gasômetro, sem compor um "bairro étnico" com identidade espanhola.

Da mesma forma, não existe em São Paulo uma profissão específica que possa ser identificada com a presença dos imigrantes espanhóis. Na memória popular, eles ficaram associados a atividades de pouca qualificação e baixa remuneração: carroceiros, cocheiros e empregados de bares, hotéis e restaurantes. O recolhimento e a reutilização de ferro-velho parece ter sido uma atividade desempenhada por muitos espanhóis pela cidade.

Devemos destacar a atuação profissional e política dos espanhóis como operários das fábricas e da construção civil, e como ativistas no movimento operário. Na primeira metade do século 20, participaram ativamente dos movimentos de contestação, sendo considerados subversivos pela elite paulistana. Aliás, era raro encontrar um espanhol que fosse proprietário de estabelecimentos industriais. O número de empresários espanhóis na cidade era muito menor do que o de empresários italianos e portugueses, o que demonstra que, em termos de ascensão social, os espanhóis ficaram aquém de outros grupos de imigrantes.

A segunda onda imigratória – registrada a partir de 1946 e que foi expressiva nos anos de 1950 – dirigiu-se principalmente para a capital paulista e cidades vizinhas. Muitos espanhóis foram residir nas cidades do Grande ABC, especialmente São Caetano do Sul, São Bernardo do Campo e Santo André. Essa região aglutinava a nascente indústria automobilística, a menina dos olhos do projeto desenvolvimentista que caracterizou o governo de Juscelino Kubitschek (1956-1960). Os espanhóis empregaram-se com facilidade nas atividades industriais, ainda que apenas uma minoria tivesse qualificação profissional, sendo raros os engenheiros ou técnicos especializados. A maioria recomeçou a vida empregando-se nas mais diversas atividades.

Com relação à fixação na cidade, prevaleceram as mesmas características da primeira onda imigratória: não houve regiões que concentrassem a comunidade hispânica, tendo esta se espalhado pelas várias áreas da cidade de São Paulo. Se os espanhóis que aqui chegaram no início do século 20 se fixavam nos bairros próximos ao centro da cidade, os que chegaram a partir dos anos 50 participaram do processo de expansão da capital, optando por estabelecer suas residências em bairros mais afastados. Na verdade, não era uma opção e sim o próprio crescimento da cidade e o surgimento de oportunidades de trabalho em áreas longínquas que levou os espanhóis a se espalhar cada vez mais pela Grande São Paulo. Antes de isso ocorrer, no entanto, ainda passavam alguns dias ou meses nas hospedarias e hotéis das ruas mais conhecidas dos bairros da Mooca e do Brás.

A dispersão desses imigrantes processou-se em decorrência de vários aspectos. Muitos chegavam para ficar temporariamente nas casas de familiares, mas a maioria contava apenas com a própria sorte. Dispostos a fixar-se onde existisse uma ocupação, os espanhóis se caracterizaram pela mobilidade, espalhando-se pela capital paulista que, por sua importância econômica e por abrigar uma pluralidade de etnias, era chamada de "coração do Brasil".

Os espanhóis pelo Brasil afora

Embora a maioria dos imigrantes espanhóis tenha se estabelecido no estado de São Paulo, um contingente significativo direcionou-se para outros estados, contribuindo para a formação de capitais como Salvador e Rio de Janeiro. Esta última cidade, até os anos 50 foi uma das portas de entrada dos espanhóis no Brasil. Entre 1880 e 1914, mais de 120 mil espanhóis desembarcaram no Rio de Janeiro, que de capital do Império passara a capital da República brasileira. Habitando principalmente a região central, os hispânicos residiam em habitações coletivas, os populares cortiços, que geralmente apresentavam péssimas condições sanitárias. Nessa cidade e em Santos, milhares ganhavam a vida trabalhando como estivadores e em outros serviços portuários.

No Rio de Janeiro, assim como na maioria das grandes cidades em que se fixaram, os espanhóis se dedicaram ao comércio e ao setor de serviços. Uma das profissões comumente a eles associada foi a de "carrinheiro", cuja atividade consistia em recolher pelas ruas objetos descartados pela população. Os espanhóis também tiveram importante participação em diversas atividades autônomas, tais como cigarreiros, funileiros e sorveteiros.

Uma das maiores comunidades galegas fora do território espanhol localiza-se na Bahia, em Salvador, especialmente os oriundos da Província de Pontevedra. O perfil dos que chegaram na capital baiana se assemelha ao da maioria dos demais galegos que se direcionaram para outras capitais: pobres e de origem campesina. As primeiras referências de sua presença na Bahia são anteriores ao período da primeira onda imigratória, sendo da época em que o Brasil ainda não havia se constituído enquanto nação independente.

A escolha de Salvador como destino dos espanhóis que chegaram no Brasil quando este ainda era colônia de Portugal talvez se relacione com o contato direto com os portugueses que saíam do Porto de Lisboa para tentar a vida na América. Os galegos, quando estavam em Lisboa trabalhando, eram influenciados pelos portugueses, que escolhiam a Bahia para iniciar a vida ou vir atender ao chamado de patrícios que aqui estavam (BACELAR, 1994:48).

No entanto, o fluxo emigratório para Salvador deu-se de maneira substancial a partir do final do século 19. Com muito esforço e trabalho, os espanhóis conseguiram adquirir os próprios estabelecimentos, dedicando-se especialmente ao comércio de alimentos e bebidas. A marca de sua presença na capital baiana pode ser vista na própria expressão "galego", muito utilizada para denominar não apenas as pessoas pertencentes ao grupo em questão, mas qualquer pessoa de pele branca que apresente características européias, uma evidente referência à influência desses espanhóis no cotidiano de Salvador.

A imigração européia para o Sul apresenta um caráter diferenciado daquela feita para as demais regiões do Brasil, sendo marcante a presença de italianos e alemães. Estes desempenharam um papel determinante no desenvolvimento dos estados do Rio Grande do Sul, Santa Catarina e Paraná. Atualmente, cidades como Blumenau, Joinville, sem falar naquelas espalhadas pelas Serras Gaúchas, constituem pólos turísticos que têm como principal atração a influência das sociedades européias, especialmente a alemã, na composição de sua cultura e história. No Sul do país predominou uma política de incentivo à vinda de imigrantes que objetivava a ocupação e o povoamento de extensas regiões, mas esse povoamento apresentou características distintas, que incentivaram desde o início a formação de pequenas propriedades, ao contrário do que ocorreu em São Paulo, onde os fazendeiros queriam os imigrantes apenas como empregados de suas fazendas.

O que poucas pessoas sabem é que, além de alemães e italianos, a Região Sul contou também com a colonização espanhola. Entre o final do século 19 e o início do século 20, muitos espanhóis fixaram-se no Paraná, buscando oportunidades em suas terras férteis. A maioria dos imigrantes que chegou nesse estado após a Segunda Guerra Mundial radicou-se na capital, Curitiba. Assim como os imigrantes italianos e alemães, os espanhóis estabelecidos no Rio Grande do Sul viviam mais unidos. A situação geográfica dificultou o seu espalhamento, fazendo com que permanecessem fixos em determinadas colônias.

Na Região Norte, a chegada de imigrantes espanhóis data do início do século 20, tendo estes se fixado em Belém e em Manaus. Provenientes da Galícia, em sua quase totalidade, os espanhóis chegavam para trabalhar principalmente na construção da ferrovia Madeira-Mamoré, um episódio até algum tempo atrás desprezado pela nossa história. A construção dessa ferrovia, concluída em 1912 em plena floresta amazônica, foi uma das aventuras que marcaram o processo de desenvolvimento e do ciclo da borracha no Norte do país. Aventura porque construir milhares de quilômetros de ferrovia em plena mata consumiu enormes esforços e cerca de 6 mil vidas. Pessoas de mais de 40 nacionalidades vieram para trabalhar nessa empreitada, entre eles muitos espanhóis. Atraídos pelas riquezas geradas pelo ciclo da borracha, os espanhóis também se fixaram em Belém, capital do Pará. Estima-se que cerca de 600 espanhóis residiam nessa cidade ao final do século 19. (MARTINEZ, 1990:242-342)

As sociedades espanholas e os periódicos voltados à comunidade

As tentativas de superar as dificuldades que se apresentavam no dia-a-dia não se faziam apenas através das reivindicações de caráter político. Havia aqueles que, para amenizar a saudade da terra natal ou para se sentir mais próximos de sua comunidade de origem, se empenharam em construir associações de caráter cultural e recreativo. Dezenas de sociedades espanholas foram criadas com o objeto de reunir os espanhóis e realizar atividades recreativas, culturais e, se possível, políticas.

Dezenas de sociedades foram fundadas nas mais remotas e pequenas cidades brasileiras. Porém, os registros delas se perderam no tempo, sobrando pouquíssimas informações sobre sua existência. Muitas entidades desapareceram ou se fundiram com outras, o que torna quase impossível um rastreamento de suas atividades. Poucos documentos demonstram suas respectivas datas de fundação e fechamento, mas, mesmo assim, sabemos que algumas sobreviveram por décadas. Eis algumas das quais temos registros:

As associações espanholas no Brasil

Centro Español de Santos. Fundado em 1895, está em funcionamento até hoje.

Sociedade Española de Socorros Mútuos – São Paulo. Foi uma das sociedades mais atuantes na cidade de São Paulo até a década de 1940.

Sociedade Española de Repatriación de Santos. Fundada em 1902, fundiu-se com o Centro Español em 1954.

Centro Republicano Español de São Paulo. Fundado em 1918, teve intensa atuação em defesa dos republicanos espanhóis durante a Guerra Civil Espanhola (1936-1939). Seus últimos registros datam de 1945.

Centro Republicano Español do Rio de Janeiro. Esteve atuante nas décadas de 30 e 40.

Centro Republicano Español de Porto Alegre. Esteve atuante na década de 30.

Centro Republicano Español de Sorocaba. Fundado entre 1936 e 1937, atuou como aglutinador das atividades dos espanhóis que se mobilizaram em auxílio à República durante a Guerra Civil na Espanha.

Centro Republicano Español de Santos. Fundado em 1937, teve intensa atuação política, aglutinando os simpatizantes da República Espanhola.

Centro Gallego – São Paulo. Fundado em 1903. Existem registros de sua atuação nas décadas de 30 e 50.

Centro Gallego – Rio de Janeiro. Têm-se registros de sua atuação na década de 30.

Centro Democrático Espanhol – São Paulo. Sociedade que se uniu ao Centro Gallego. Sua origem remonta à década de 30, porém nos anos 50 e 60 passou a rearticular-se, promovendo atividades contra a ditadura franquista.

Centro Catalão – São Paulo. Esteve atuante na década de 1930.

Comité Central de Propaganda de España Republicana – São Paulo. Comitê que teve curta existência. Reunia todas as sociedades que tinham simpatia pela República da Espanha, promovendo atividades cuja finalidade era arrecadar auxílio material aos republicanos na época da Guerra Civil Espanhola.

Sociedade Beneficente Rosalia de Castro. Fundada em 1983, tem por objetivo prestar assistência aos espanhóis da terceira idade que não possuem condições financeiras.

Liga Española de Defensa Mútua. Fundada em 1903, tinha por objetivo oferecer assistência jurídica aos imigrantes espanhóis. Desativou-se sem deixar registros.

Federación Española. Esteve atuante na cidade de São Paulo na década de 30. Em sua sede ocorriam palestras de caráter político que foram vigiadas e reprimidas pelo Departamento Estadual de Ordem Política e Social (Deops).

Sociedade Hespanhola de Socorros Mútuos de Bauru. Fundada em 1910. Em 1915 essa entidade se reorganizou e passou a se chamar Sociedade União Espanhola.

Centro Espanhol do Paraná. Estabelecida em Curitiba, a sociedade mantém suas atividades até hoje. Sua nova sede foi inaugurada em 1973, sendo uma referência para os imigrantes radicados no Paraná. A entidade realiza festas, e congrega casas regionais reconhecidas pelo governo espanhol.

Sociedade Hispano-Brasileira. Em atuação até hoje, é a mais influente associação hispânica no estado de São Paulo. Nos anos 70, a fusão de várias organizações espanholas existentes na cidade de São Paulo deu origem a essa sociedade.

O Centro Español, fundado em 1895, é a associação espanhola mais antiga de que se tem registro. Em alguns momentos de sua existência, juntou-se com a Sociedade Española de Repatriación, auxiliando aqueles que, por algum motivo, precisavam regressar à Espanha, ou seja, ser repatriados. Esse auxílio era prestado àqueles que não conseguiam sobreviver no Brasil. Quase todos que solicitavam esse auxílio chegavam à sociedade em total estado de miséria e não viam outra alternativa a não ser retornar à Espanha.

A maioria das associações de que se tem registro foi fundada no estado de São Paulo, por ele concentrar a maior parte da imigração espanhola no Brasil. Nos anos 30, apesar de não termos maiores informações, sabemos que existiam associações de espanhóis nas cidades de Campinas, Olímpia, Jundiaí, Brigadeiro Tobias e Franca. É fato que existiram centros espanhóis em outros estados brasileiros. Em Salvador, por exemplo, o Centro Español continua a sediar festas e eventos destinados não apenas

Sede da Sociedade Espanhola de Socorros Mútuos de São Paulo. (Acervo da Sociedade Hispano-Brasileira, foto sem data).

aos espanhóis, sendo uma entidade recreativa que tem participação efetiva nos eventos culturais da cidade. Sabemos da existência de sociedades espanholas de socorros mútuos nas cidades gaúchas de Bagé, Santana do Livramento e Uruguaiana.

Sede da Sociedade Beneficente de Socorros Mútuos da cidade de Olímpia, interior de São Paulo, em 1922. (Acervo da Sociedade Hispano-Brasileira).

A Sociedade Española de Socorros Mútuos, na cidade de São Paulo, foi uma das associações espanholas mais importantes do país e a que reuniu uma quantidade significativa de imigrantes. Da fusão dessa sociedade com outras, originou-se a Sociedade Hispano-Brasileira, que ainda hoje é a mais expressiva associação espanhola atuante na capital paulista. As sociedades espanholas de socorros mútuos existiram em muitas cidades do país. No Rio Grande do Sul e em várias cidades do interior de São Paulo, temos informações sobre a fundação dessas entidades que, como o próprio nome sugere, prestavam auxílio aos associados. Eram freqüentes os casos de espanhóis doentes ou familiares de imigrantes falecidos que pediam auxílio para arcar com os gastos com hospitais ou com despesas fúnebres. Esses fatos talvez expliquem por que essa sociedade, em São Paulo, chegou a ter centenas de sócios. O descaso das autoridades brasileiras e espanholas para com a situação dos imigrantes era, de certa forma, compensado por essas associações, que restringiam, no entanto, esse tipo de auxílio aos associados.

Os consulados espanhóis, de acordo com os depoimentos de muitos imigrantes, falhavam em sua missão. Isto porque as funções prioritárias de assistir seus compatriotas em caso de necessidade não eram cumpridas com desvelo pelos representantes consulares. No início do século 20, a escolha dos cônsules não era feita através de critérios profissionais. Os representantes consulares, de forma geral, eram escolhidos entre os imigrantes financeiramente estáveis no Brasil, e não eram todos que se preocupavam em defender os interesses de seus conterrâneos.

Na década de 50, os membros do Centro Gallego se incorporaram ao recém-criado Centro Democrático Español, que desde seu início aglutinou os espanhóis que se interessavam em discutir a situação da Espanha e promover campanhas antifranquistas. Durante os anos 60, tal centro foi orientado pelas determinações de um grupo específico de espanhóis que, pertencentes à segunda onda imigratória, acreditavam ser possível lutar pelo fim da ditadura franquista fora do território espanhol.

O Centro Democrático Espanhol organizou festas e eventos com a presença de renomados artistas e políticos, tais como o poeta Pablo Neruda e os irmãos do poeta assassinado durante a Guerra Civil Espanhola, Federico García Lorca. Nos anos 50, uma conferência, realizada na Faculdade de Direito do Largo São Francisco da Universidade de São Paulo, teve como objetivo arrecadar dinheiro para auxiliar os presos políticos na Espanha. O sucesso alcançado por tais atividades esbarrava, no entanto, na limitação de seu alcance. As atividades antifranquistas promovidas pelo Centro Democrático Espanhol se limitaram a um número reduzido de espanhóis. A maioria dos imigrantes que chegou nos anos 50 nunca participou de associações de caráter cultural e político.

Além das associações de caráter cultural e político, existiram grupos dedicados à promoção de eventos artísticos, como é o caso do Grupo Dramático Hispano-Americano e do Grupo Dramático Cervantes. Os espetáculos produzidos por esses grupos eram geralmente encenados nas próprias sociedades espanholas ou em teatros que alugavam suas dependências para as apresentações.

A atividade teatral apresentava-se como um poderoso instrumento de propaganda de idéias libertárias. Os espanhóis simpatizantes do anarquismo acreditavam que as peças cujos temas versassem sobre as injustiças sociais seriam uma forma eficiente de transmitir aos conterrâneos a validade das idéias anarquistas.

Por isso, essas atividades eram freqüentemente vigiadas e proibidas pelo Departamento Estadual de Ordem Política e Social do Estado de São Paulo (Deops-SP). Sob a alegação de "propaganda subversiva", em 1936 o Deops proibiu a apresentação do Grupo Dramático Hispano-Americano, cujo cartaz de propaganda reproduzimos a seguir:

Cartaz de divulgação do espetáculo organizado pelo Grupo Dramático Hispano-Americano em 1936. Prontuário 2152 – Grêmio Dramático Hispano-Americano. Deops-SP/Arquivo do Estado de São Paulo.

Os espanhóis residentes no estado de São Paulo nunca chegaram a realizar o sonho de construir um hospital próprio para servir à comunidade espanhola, havendo grandes dificuldades em se obter recursos para a sua construção. Aqueles que objetivavam esse tipo de empreendimento provavelmente se inspiravam no exemplo do Hospital Espanhol da cidade de Salvador, construído no final do século 19. Atualmente, o Hospital Espanhol de Salvador é referência no atendimento privado na capital baiana. Caberia observar que o sonho de construir um hospital foi concretizado pelas comunidades italiana, japonesa, alemã e portuguesa no Brasil.

Como dissemos anteriormente, grande parte dos espanhóis que chegaram ao Brasil no início do século 20 não eram alfabetizados, mas isso não impediu que imigrantes letrados organizassem e fundassem jornais e revistas em língua espanhola. O alcance desses periódicos era reduzido aos grupos de imigrantes das áreas urbanas, que possuíam certo grau de instrução.

A imprensa espanhola em solo brasileiro era composta por inúmeros jornais e revistas que, na sua maioria, colocavam-se como porta-vozes das sociedades espanholas existentes no país. Idealizados por imigrantes preocupados em valorizar a "cultura e os valores hispânicos", tais periódicos incentivavam a união entre os espanhóis residentes no país. Os jornais geralmente traziam, além das notícias sobre a Espanha, assuntos que interessavam à comunidade de forma geral, tais como informações sobre eventos e festas ocorridas nas associações.

Eis os nomes de alguns periódicos produzidos por espanhóis e direcionados à comunidade espanhola na primeira metade do século 20: *Eco del Braz, El Correo Español, Intercambio Hispano Brasileiro, Gaceta Hispana, La Nación, La Voz de España, Tribuna Española, El Heraldo Español, Revista Hispano-Americana, El Progreso, Diario Español, La Heria.*

Por dificuldades financeiras, a maioria desses jornais teve uma vida curta. Afinal, os poucos espanhóis alfabetizados que se interessavam em comprá-los não eram suficientes para mantê-los por muito tempo. As tiragens eram quase sempre financiadas pelas sociedades espanholas e é provável que não dessem lucro. Eram ainda publicações que não despertavam o interesse da maioria dos leitores brasileiros da época, o que também contribuía para o insucesso das vendas.

As sociedades e os periódicos voltados aos espanhóis demonstram a tentativa de parte dessa comunidade de preservar sua identidade enquanto "filhos da Espanha". Tais associações, no entanto, não chegavam a representar a maioria dos imigrantes. O número de sócios era baixo se comparado à quantidade de espanhóis que se fixaram no país. O desinteresse em vincular-se às sociedades hispânicas pode ser explicado por vários fatores. As preocupações com as atividades cotidianas, as energias todas voltadas para se ganhar a vida e até mesmo a falta de informações faziam com que a maior parte dos espanhóis não tivesse contato com as sociedades mencionadas. É provável que a maioria nem soubesse da existência dessas entidades.

Laços de solidariedade

Para muitos espanhóis, a busca por uma vida melhor não poderia se restringir ao trabalho diário. Acreditando que a situação dos trabalhadores nacionais e estrangeiros só se alteraria através da união de todos, os espanhóis também se envolveram em reivindicações coletivas, aproximando-se das ideologias comunista, socialista ou anarquista.

No início do século 20, os operários das fábricas eram constantemente explorados pelos patrões, que estavam assegurados pela ausência de uma legislação trabalhista. Jornadas de trabalho de mais de 10 horas diárias, exploração da mão-de-obra infantil e graves acidentes faziam parte também do cotidiano dos espanhóis. Situações de injustiça favoreceram a mobilização coletiva e a união de esforços como as únicas saídas para inverter aquela realidade. Assim, as greves se transformaram em estratégias de reivindicações políticas e sociais.

Os espanhóis, assim como os estrangeiros de outras nacionalidades, envolveram-se em diversas greves e manifestações, ou como líderes políticos, ou como meros simpatizantes da causa operária. Em 1917, uma greve geral paralisou a cidade de São Paulo, amedrontando os proprietários das fábricas e o governo brasileiro. Entre os operários grevistas, três idiomas eram falados: o português, o italiano e o espanhol.

Nessa paralisação, a morte de um trabalhador espanhol – Jose Ineguez Martinez – transformou-se no estopim do movimento operário liderado por anarquistas. O anarquismo, nessa época, chegou a ter milhares de simpatizantes que acreditavam na extinção de todas as formas de poder como a única maneira de garantir a igualdade entre os indivíduos. As autoridades policiais representantes do governo culpavam principalmente os estrangeiros pela divulgação dessas idéias, consideradas perigosas para a tranqüilidade social. Afirmavam que os trabalhadores nacionais eram influenciados por esses estrangeiros indesejáveis, que traziam de seu país de origem idéias subversivas.

Na verdade era um exagero atribuir somente aos estrangeiros a culpa pela divulgação das idéias anarquistas e comunistas. Mas a importância de italianos, espanhóis e portugueses na liderança de greves e outras manifestações políticas não podia ser negada. Vale lembrar que o movimento anarquista europeu, ao final do século 19, foi atuante principalmente na Espanha. O que fazer para evitar que esses estrangeiros continuassem a divulgar tais idéias que, na visão dos governantes, incitavam os brasileiros a se tornar "homens fora da ordem"? A resposta se resumia a uma única palavra, que mudaria radicalmente o destino de milhares de estrangeiros radicados no Brasil: expulsão.

Expulsar aqueles que não se comportavam segundo o modelo ideal de cidadão foi a solução encontrada pelo Estado republicano para acabar com a "influência nociva" dos estrangeiros sobre os trabalhadores nacionais. Assim, muitos espanhóis foram forçados a retornar a seu país, por ser "indesejáveis" para as elites políticas e os patrões que temiam quaisquer movimentos de contestação.

Entre o total de estrangeiros expulsos de novembro de 1935 a outubro de 1937 por questões políticas, os espanhóis representavam 45,78% (CAMPOS, 1997:228). O número de estrangeiros expulsos do país aumentou bastante nos anos 30 em função das medidas nacionalistas adotadas durante o governo de

Getúlio Vargas. O Deops transformou-se no braço repressor do Estado, vigiando e punindo os subversivos. Centenas de espanhóis foram fichados por essa polícia política como "cidadãos fora da ordem", portanto passíveis de punição por prática de crime político (RIBEIRO, 2003).

A expulsão alterou o destino de centenas de espanhóis, especialmente após 1936, momento perigoso para retornar à Espanha, envolvida pela guerra civil. Os principais portos de desembarque na Espanha estavam controlados pelos franquistas, o que implicaria – no caso dos comunistas e anarquistas expulsos do Brasil – na continuação das perseguições ou, até mesmo, na morte. Expulsos em 1936, dois espanhóis perderam a vida, sendo sumariamente fuzilados ao chegar ao Porto de Vigo, na Galícia. Com o início do conflito, a Galícia passou a ser controlada pelo Exército franquista, que não poupava os comunistas e muito menos aqueles que haviam sido expulsos pelo governo autoritário de Getúlio Vargas.

Outro exemplo podemos encontrar no caso dos 27 espanhóis expulsos em 1937, a bordo do navio Alsina. O destino deles só não foi semelhante ao dos espanhóis fuzilados na Galícia porque o cônsul republicano em Santos interveio e pagou as diferenças de valor das passagens, permitindo que eles desembarcassem no Porto de Marselha, na França. O governo brasileiro insistia em levá-los até o Porto de Vigo, o que significaria entregá-los à morte. Ciente do perigo, o cônsul Andres Rodriguez Barbeito pagou os custos para que os expulsos pudessem desembarcar na França.

Muitas foram as associações criadas com o objetivo de reunir os espanhóis simpatizantes de determinadas correntes políticas. Esse é o caso dos centros republicanos espanhóis espalhados pelo Brasil. À época da Guerra Civil Espanhola, esses centros existiam em São Paulo, Rio de Janeiro, Porto Alegre, Santos e Sorocaba. Em geral, reuniam aqueles que, de alguma forma, defendiam a idéia de um governo republicano para a Espanha.

Interessante observar que a Guerra Civil da Espanha sensibilizou milhares de imigrantes que, por compartilhar uma mesma identidade política, passaram a manifestar interesse em auxiliar as vítimas do conflito. Afinal, entre essas vítimas poderiam estar familiares e amigos queridos. Manifestações de apoio ocorreram em prol dos dois lados conflitantes: nacionalistas e republicanos. Na comunidade hispânica brasileira foram mais freqüentes, e tiveram maior impacto, as atividades realizadas em apoio aos republicanos espanhóis.

Nos anos 30, os centros republicanos espanhóis de São Paulo foram fechados pela polícia política – o Deops – sob a alegação de que lá se reuniam espanhóis empenhados em discutir assuntos políticos da Espanha. Entre eles, encontravam-se combativos líderes de greves e do movimento operário. Durante o conflito civil na Espanha, os espanhóis passaram a utilizar essas sociedades para realizar reuniões e promover eventos cujo objetivo era a arrecadação de donativos e dinheiro a ser enviados para os que, na Espanha, sofriam os efeitos da guerra.

No Brasil, a mobilização em defesa da República Espanhola foi empreendida principalmente por uma parcela da comunidade espanhola que, em 1937, iniciou uma campanha na tentativa de auxiliar seus compatriotas. A criação do Comitê Pró-Cruz Roja Española, embora tivesse como finalidade arrecadar donativos para as vítimas civis do conflito, foi idealizada por espanhóis simpáticos aos republicanos em luta.

Na tentativa de garantir a eficácia dessas atividades, foi criado na cidade de São Paulo, em meados de 1937, o Comité Central de Propaganda de España Republicana (CCPER). Com seus estatutos devidamente registrados em cartório da capital, essa associação reuniu as principais sociedades espanholas do estado de São Paulo e de outras localidades, e tinha como finalidade intensificar a propaganda sobre a situação política da Espanha, enaltecendo os ideais republicanos.

A criação do referido comitê surgiu da necessidade de intensificar e aglutinar as atividades favoráveis à República Espanhola que, naquele momento, estavam em plena efervescência. Tais atividades vinham sendo exercidas pelo Centro Republicano Espanhol de São Paulo e pelos centros republicanos espanhóis de Santos, Sorocaba e Porto Alegre. A formação desses centros em 1937 (com exceção do CRE de São Paulo, fundado em 1918), expressa a tentativa, por parte dos imigrantes mais politizados, de estender a propaganda a favor dos republicanos para as regiões que abrigavam um grande número de espanhóis.

Membros da Junta Diretiva da Sociedade Espanhola de Socorros Mútuos de São Paulo, em 1938. Interessante observar que os quadros na parede fazem referência aos presidentes do Brasil e da República Espanhola, Getúlio Vargas e Manuel Azaña respectivamente (*quadros ao centro*). A imagem do presidente brasileiro nas dependências da sociedade demonstra a tentativa de seus associados de transmitir a imagem de que aquela era uma entidade que, apesar de respeitar a autoridade da República Espanhola, obedecia às leis e à ordem no Brasil. (Acervo da Sociedade Hispano-Brasileira)

A maioria dos espanhóis que se associou a esses centros alegou, em seus depoimentos ao Deops, que a motivação de se unir a essas entidades não era de caráter político. No entanto, os registros históricos atestam que seus integrantes exerceram importante papel na promoção de atividades de auxílio ao povo espanhol. É evidente que os dirigentes dessas sociedades não representavam a opinião de todos os seus sócios, porém, no caso dos centros republicanos, ainda que havendo divergências de caráter político entre seus membros e motivações diversas para o ingresso nelas, a própria denominação da entidade deixava evidente seu posicionamento de combate aos nacionalistas na Espanha.

Em meados de 1937, o CCPER passou a remeter para as sociedades e cidadãos espanhóis de várias cidades do Brasil talões com bônus a ser vendidos ao custo de 2.000 réis cada um. O comitê sugeria aos destinatários que controlassem os números vendidos e que anotassem os nomes dos contribuintes para que estes fossem publicados no jornal *Gaceta Hispana*. A receptividade desse tipo de campanha na comunidade espanhola pode ser verificada pelo fluxo de cartas recebidas pelo comitê em nome de espanhóis residentes em cidades não só do estado de São Paulo, mas também do Paraná, Rio Grande do Sul e Rio de Janeiro.

A mobilização de imigrantes espanhóis diante do conflito não se restringiu ao auxílio moral e financeiro. Havia, por parte de muitos, a intenção de integrar voluntariamente as forças republicanas. Muitos espanhóis se apresentaram aos consulados, dispostos a retornar à Espanha e oferecer suas vidas à causa que consideravam mais justa.

No ano de 1937 foi inaugurado um programa radiofônico, idealizado por espanhóis republicanos, que visava chamar a atenção dos imigrantes e da população brasileira para os acontecimentos na Espanha. Caberia aqui ressaltar que o rádio, nessa época, se apresentava como o principal veículo de comunicação de massa, concorrendo com os jornais, restritos a um público seleto e alfabetizado. O rádio tinha um alcance amplo, chegava a uma infinidade de lares e sensibilizava homens, mulheres, jovens e até mesmo as crianças. Se é possível estabelecer um paralelo, podemos dizer que o rádio exerce a mesma função que a televisão hoje exerce na sociedade brasileira.

A Rádio Educadora Paulista transmitia diariamente o programa *Hora Hispano-Brasileira de Espanha Republicana*, que trazia notícias sobre a Guerra Civil na Espanha. Artigos e poesias eram lidos durante o programa, quase sempre acompanhados de um discurso de exaltação às vitórias republicanas. As informações eram reproduzidas de periódicos argentinos e de notícias veiculadas pela estação espanhola La Voz de España, que emitia transmissões dedicadas à América do Sul, captadas também na Argentina. No Brasil, por dificuldades técnicas, as notícias dessa estação não eram captadas todas as noites.

Vinculada ao CCPER, a *Hora Hispano-Brasileira* mesclava a leitura de artigos sobre a situação política e militar da Espanha com a propaganda de eventos e atividades promovidas em apoio aos republicanos espanhóis no Brasil. Seus assíduos ouvintes teciam elogios ao programa, solicitando através de cartas a irradiação de alguma notícia ou menção específica. Foi fundamental o papel exercido por esse programa radiofônico na formação da opinião de tantos espanhóis que, graças a suas notícias, podiam saber um pouco mais do que estava ocorrendo na Espanha.

Os imigrantes espanhóis simpatizantes da causa nacionalista também se mobilizaram a fim de arrecadar recursos para auxiliar o movimento rebelde na Espanha. Em Santos, os dirigentes do Centro Español e da Sociedade Española de Repatriación eram fervorosos defensores da derrocada da República Espanhola e, para auxiliar os nacionalistas, criaram uma comissão para arrecadar fundos. A Sociedade Española de Repatriación, nesse período, desviou-se de seus objetivos, que tinham como finalidade única auxiliar os imigrantes espanhóis que porventura necessitassem ser repatriados. Verbas destinadas a prestar assistência aos que realmente necessitavam foram utilizadas para ajudar os nacionalistas espanhóis, facção que na Espanha já dispunha de grandes somas de auxílio internacional.

HISTÓRIA, MEMÓRIA E IDENTIDADE

Saudades dos gostos e aromas da Espanha

A preservação de alguns costumes manifestados na alimentação dos imigrantes, por exemplo, demonstra que a integração pode ocorrer. O trivial arroz com feijão, base da alimentação dos brasileiros, causou estranhamento a princípio, mas logo foi incorporado aos hábitos alimentares dos espanhóis, que acabaram por partilhar outros gostos com os brasileiros. Por outro lado, quando era possível encontrar e comprar ingredientes necessários, as mulheres espanholas faziam suas receitas para matar a saudade dos gostos e aromas que lembravam a Espanha. Alguns pratos típicos da culinária espanhola são atualmente valorizados não só por filhos, netos e bisnetos de espanhóis, como também por muitos brasileiros sem ascendência espanhola. O prato da culinária espanhola mais conhecido no Brasil é a *paella*, especialmente a *paella valenciana*, mas outras receitas, como a do *puchero*, muito popular na Galícia, também são apreciadas. Os imigrantes espanhóis provenientes da Catalunha trouxeram o hábito de consumir grãos como o feijão-branco e o grão-de-bico, que geralmente são preparados com a *butifarra*, isto é, a lingüiça.

Receitas da Culinária Espanhola

Puchero (cozido da Galícia)

Ingredientes:

250g de toucinho; 250g de chouriço; 250g de presunto; 250g de lingüiça defumada; 1 kg de carne de porco salgada (costelinha de porco, lombo); 1 kg de grão-de-bico; 1 kg de músculo; 1 frango cortado pelas juntas; 1 repolho cortado em quatro partes; 3 cenouras; 1 kg de batatas; 2 dentes de alho amassados; 3 cebolas médias cortadas ao meio; 2 ramos de salsa picada; 1 colher (de chá) de açafrão em pó; 1 colher (de chá) de páprica doce; 1 colher (chá) de páprica picante.

Modo de fazer:

Dessalgar a carne de porco na véspera, trocando a água várias vezes. Escolher e lavar o grão-de-bico, deixando-o de molho em água fria por uma noite. No dia seguinte, cortar o músculo e a carne de porco em pedaços grandes. Acrescentar o alho e a cebola. Colocar em uma panela grande, cobrir com água quente e verificar o sal. Cozinhar por uma hora e meia, em fogo baixo ou até que as carnes estejam macias, acrescentando mais água se necessário. (Pode-se levar à geladeira até o outro dia para tirar a gordura acumulada na superfície, caso se prefira um prato mais leve.) Coar o caldo, voltar nele as carnes e juntar o grão-de-bico (dentro de um saco de pano fino) com a água em que ficou de molho. Cozinhar em fogo baixo, adicionando o frango, as cenouras, as batatas e os temperos. Verificar o sal. À parte, dourar o toucinho, acrescentar o repolho e cozinhá-lo com um pouco de caldo do *puchero*. Juntar o chouriço, o presunto, a lingüiça defumada e, quando estiverem macios, adicioná-los ao cozido.

(Receita reproduzida do livro de HECK & BELUZZO, *Cozinha dos Imigrantes*, p.130.)

Mongetas con Butifarras (Lingüiças com feijão-branco)
Ingredientes:
300 g de feijão-branco; 1 folha de louro; sal e pimenta-do-reino; 3 colheres (de sopa) de azeite; 2 dentes de alho amassados; 2 colheres (de sopa) de salsinha bem picada; 750 g de *butifarras*.

Modo de fazer
Deixar o feijão de molho em água fria por uma noite. Escorrê-lo e cozinhá-lo em bastante água com a folha de louro, sal e pimenta a gosto. Quando estiver macio, escorrer novamente e retirar o louro. Aquecer o azeite em uma frigideira grande. Fritar o alho e o feijão-branco delicadamente, até dourarem. Nesse meio tempo, grelhar as *butifarras* até ficarem ligeiramente escurecidas de todos os lados. Colocá-las em um prato para servir, arrumando o feijão ao lado, depois verificar o tempero. Salpicar com salsinha. Acompanhar com salada de tomate.

(Receita retirada do livro de HECK & BELUZZO, *Cozinha dos Imigrantes*, p.136.)

Paella Valenciana

Ingredientes:

1/2 litro de caldo de galinha morno; 6 colheres (de sopa) de azeite; 4 dentes de alho socados; 1 pitada de açafrão; 1 cebola grande, descascada e picada; 500 g de galinha crua, cortada em cubos; 1 pimentão vermelho, cortado em tiras finas; 200 g de arroz de grão longo; 1/2 xícara (de chá) de ervilhas frescas; 1 dúzia de mexilhões grandes, nas conchas, limpos e escorridos; 4 tomates sem peles e sem sementes, cortados em oito; 1 colher (de sopa) de salsinha, picada fininha; 200 g de camarões médios, limpos; sal e pimenta.

Modo de fazer:

Deixar o açafrão de molho no caldo morno. Aquecer o azeite em uma frigideira grande e pesada. Colocar o alho e a cebola no azeite quente, mexendo bem. Acrescentar a galinha. Refogar em fogo brando até a cebola ficar transparente.

Adicionar as tiras de pimentão e o arroz e mexer até ficarem cobertos com o azeite. Refogar por mais um minuto e adicionar o caldo de galinha com o açafrão. Misturar bem e deixar cozinhando em fogo baixo por 15 minutos.

Adicionar as ervilhas e deixar cozinhando por 5 minutos. Acrescentar os mexilhões e os tomates. Continuar a cozinhar em fogo brando até todos os mexilhões abrirem (descartar os que não abrirem). Acrescentar a salsinha e os camarões e deixar no fogo por mais uns 3 minutos, ou até os camarões ficarem cozidos. Temperar a gosto e servir imediatamente.

Identidade, divergência e engajamento

O que a população brasileira, de forma geral, conhece da Espanha? Qual a idéia que a maioria das pessoas tem sobre esse país? Se fizermos uma enquete, provavelmente muito se ouvirá sobre o país do *bailado flamenco*, das castanholas, das touradas, ou, para utilizarmos um exemplo atual, o país do Real Madrid, time de futebol bastante conhecido entre os brasileiros.

No entanto, o que se guarda na memória sobre a cultura de um povo nem sempre é a manifestação única de sua identidade. É claro que a Espanha é o país das touradas e das castanholas, mas essas manifestações têm origem em regiões específicas da Espanha. O *bailado flamenco*, representativo da cultura do sul da Espanha, não é muito praticado e pouco tem a ver com a dança típica da Galícia, por exemplo.

As touradas constituem um dos principais símbolos da cultura espanhola.

As profundas diferenças culturais entre as regiões da Espanha sempre incentivaram movimentos de independência ou que reivindicavam maior autonomia. Com a democratização espanhola após a morte de Francisco Franco em 1975, a Catalunha, o País Basco e a Galícia ganharam o reconhecimento pelo governo espanhol de suas diferenças, e para essas regiões foi garantido o direito de autonomia.

Apresentação de *bailado flamenco* na Sociedade Hispano-Brasileira. (Acervo da Sociedade Hispano-Brasileira, foto sem data)

No entanto, o terrorismo praticado pelos grupos separatistas ainda faz vítimas entre os espanhóis. O grupo socialista ETA (Euskadi Ta Askatasuna, que significa Pátria Basca e Liberdade), que luta pela independência do País Basco, é responsável por inúmeros atentados que provocam um constante sentimento de insegurança entre o povo espanhol.

A criação de símbolos para a identificação de um povo se relaciona com o desejo de criar uma identidade cultural que sirva de reconhecimento entre seus cidadãos. No caso dos espanhóis, essa identidade "nacional" nunca foi um sentimento forte entre o povo que, ao longo da história, primou por suas diferenças regionais. A cultura regional sempre prevaleceu sobre a nacional, o que significa dizer que, na maioria dos casos, um catalão, por exemplo, se reconhece primeiro como cidadão da Catalunha, e depois como espanhol.

As diferenças regionais e as dificuldades que se colocam diante da criação de um sentimento nacional, ajudam a explicar uma característica que permeia a história da imigração espanhola no Brasil: a dispersão. Essa tendência, no entanto, não fragilizou as divergências de caráter regional e político trazidas da Espanha, que, no Brasil, foram sendo recriadas em situações específicas. Durante a Guerra Civil Espanhola, divergências de caráter político permearam as relações entre os conterrâneos espanhóis mais politizados. Delações à polícia política tornaram-se freqüentes na década de 30, principalmente por parte daqueles que detinham uma posição política mais conservadora e sabiam que as simpatias de alguns imigrantes pelos republicanos espanhóis poderiam ser denunciadas como prova de subversão e de participação em atividades comunistas. Na visão dos anticomunistas brasileiros, os simpatizantes da República Espanhola eram genericamente tachados de comunistas.

Os espanhóis simpáticos aos ideais defendidos pelos nacionalistas liderados por Francisco Franco faziam freqüentemente delações anônimas à polícia, afirmando o caráter extremista dos centros republicanos. As denúncias, porém, nem sempre eram motivadas apenas por questões políticas. Alguns delatores faziam uso dessa estratégia para manifestar seus ódios e interesses pessoais.

A confiança na polícia política, enquanto instituição voltada para a função de erradicar os extremismos, se fazia na medida em que os espanhóis simpatizantes do nacionalismo espanhol percebiam princípios similares entre o projeto político de Franco na Espanha e o de Vargas no Brasil. Dessa forma, para as autoridades policiais, esses espanhóis não eram vistos como estrangeiros indesejáveis e sim como colaboradores na missão de sanear o país do "perigo vermelho". Enquanto as sociedades que apoiavam a República Espanhola sofriam toda espécie de censura e repressão, a Falange Española – de tendências fascistas, foi o partido que se constituiu como o principal entre os nacionalistas espanhóis –

mantinha simpatizantes no Brasil, cujas reuniões de caráter político não eram reprimidas pela polícia política.

A Falange no Brasil: um braço secreto do Eixo no Brasil

A partir de 1942, o Brasil entrou na Segunda Guerra Mundial, posicionando-se ao lado dos Aliados. As embaixadas dos países considerados inimigos de guerra foram fechadas (Itália, Alemanha e Japão). A partir do rompimento de relações diplomáticas do Brasil com os países do Eixo, a Embaixada da Espanha passou a representar os interesses alemães e japoneses no país. As afinidades ideológicas entre Franco e Hitler determinaram a escolha da Espanha como "potência protetora" dos interesses alemães no Brasil, encarregada de, a partir de 1942, proteger juridicamente aqueles que seriam considerados "súditos do Eixo". Após a vitória de Franco em 1939, muitos falangistas espanhóis iniciaram sua atuação como funcionários da embaixada espanhola. Ao assumir a representação da Alemanha no país, a Embaixada da Espanha também passou a contar com a presença freqüente de elementos nazistas.

A Falange Española continha em sua essência propostas políticas e sociais que muito se assemelhavam às idéias nazifascistas. Pela proximidade ideológica e pela admiração que a Falange Española nutria pelo governo de Hitler, a embaixada espanhola auxiliou os serviços de espionagem dos alemães nazistas no Brasil, sendo intermediária de suas atividades.

Mesmo entre os simpatizantes da República Espanhola houve divergências. A República Espanhola aglutinou diversas tendências políticas: liberais, anarquistas, comunistas e socialistas dispuseram-se a defendê-la, mas permaneceram brigando entre si. No Brasil, em alguns casos, os espanhóis comunistas nutriam muito mais ódio pelos conterrâneos anarquistas do que propriamente por aqueles que defendiam princípios de tendências fascistas.

A ausência de unidade nacional e cultural explica o fato de os espanhóis terem se incorporado à sociedade brasileira sem deixar tantos traços quanto outras povos de outras nacionalidades. O fato de a língua espanhola ser da mesma origem que a língua portuguesa facilitou a comunicação e adaptação dos imigrantes. Devido a essa proximidade, era comum a alteração da grafia dos nomes e sobrenomes espanhóis para acompanhar as normas do português. Assim, Martinez, Fernandez, Rodriguez, para citar apenas alguns dos sobrenomes espanhóis mais comuns, eram registrados substituindo-se a última letra z por s.

O envolvimento dos espanhóis com causas de interesse nacional, como foi com a Revolução Constitucionalista de 1932 em São Paulo, é um exemplo de sua sensibilidade para com os assuntos brasileiros. Durante o movimento constitucionalista, os sócios da Sociedade Española de Socorros Mútuos percorreram as principais ruas da cidade de São Paulo angariando, entre seus compatriotas, dinheiro, roupas, artigos sanitários e mantimentos que, posteriormente, seriam enviados à Cruz Vermelha, responsável por auxiliar os soldados paulistas que estavam na frente de batalha.

O Centro Español de Santos, em diversos momentos, serviu de hospital durante as epidemias de doenças que chegavam à cidade. Em 1905, essa entidade serviria de hospital improvisado por dois meses, abrigando as vítimas da febre amarela, já que o surto tinha provocado a lotação da capacidade dos hospitais. Em 1918, suas dependências foram utilizadas pelas autoridades sanitárias, que espalharam leitos pelas salas, transformando-as em enfermaria para socorrer as vítimas da gripe espanhola.

Não apenas os espanhóis envolveram-se com as questões sociais brasileiras, como também os brasileiros, por diversos momentos, solidarizaram-se com os acontecimentos sociais e políticos da Espanha. Durante a Guerra Civil Espanhola, milhares de brasileiros manifestaram seu apoio a ambos os lados conflitantes na Espanha, e dezenas de brasileiros lutaram como voluntários em defesa da República Espanhola. Os brasileiros lutaram através das Brigadas Internacionais, um organismo que reuniu milhares de cidadãos das mais diversas nacionalidades, que ofereceram suas vidas em defesa dos ideais antifascistas na Espanha.

Em 1945, como sintoma da euforia democrática verificada com o fim da Segunda Guerra Mundial, foi criada a Associação Brasileira dos Amigos do Povo Espanhol (Abape). Nesse período, segmentos da sociedade brasileira, incluindo os imigrantes espanhóis, passaram a se rearticular para lutar contra o que consideravam um dos últimos baluartes do pensamento nazifascista: o regime franquista na Espanha. No ano seguinte, uma greve paralisou as atividades portuárias em Santos, devido à recusa dos trabalhadores em atuar nos navios que tivessem a Espanha como destino ou procedência. Essa atitude teve caráter político, já que era uma maneira de os trabalhadores santistas manifestarem seu sentimento de solidariedade internacional para com os trabalhadores espanhóis que, por ser republicanos, sofriam nas prisões da Espanha.

A greve motivada por uma atitude de repúdio à ditadura de Franco na Espanha foi reputada como um marco na história do movimento sindical brasileiro, e, por isso, imortalizada por Jorge Amado em sua obra *Os Subterrâneos da Liberdade* (AMADO,1970). Cruzando ficção e realidade, o autor utilizou a paralisação no porto como referência para demonstrar o internacionalismo dos trabalhadores santistas. Jorge Amado, que nutria simpatia pelo comunismo queria transmitir a mensagem de que a luta antifranquista deveria ser de interesse de todos os trabalhadores, independentemente das fronteiras nacionais. (TAVARES, 2001:21/22)

A criação da Abape e a greve no Porto de Santos são exemplos de que os acontecimentos na Espanha chegavam a repercutir e a sensibilizar os brasileiros. Para isso, muito contribuiu a inserção dos imigrantes na sociedade brasileira que, mesmo nela se integrando, não deixaram de expressar suas preocupações com o que ocorria em sua pátria de origem, ajudando, assim, a despertar o interesse dos brasileiros para com as questões próprias da Espanha. A facilidade de adaptação dos espanhóis não significou que eles não foram alvo de preconceitos. Sabemos que, dependendo da situação, os espanhóis eram vítimas de estereótipos, tais como os de caráter político. Nas primeiras décadas do século 20, o movimento operário contou com muitos líderes anarquistas espanhóis. Isso contribuiu para criar a imagem do "espanhol subversivo", inclinado às atividades de contestação. Ou, então, a imagem comum do espanhol enquanto pessoa propensa a cometer crimes. Apesar desse estigma, que vingou principalmente nas grandes cidades, as estatísticas demonstram que eles foram menos encarcerados do que os portugueses e italianos. (KLEIN, 1994:86)

Em muitos casos, os preconceitos estavam relacionados ao estereótipo que os espanhóis de determinadas regiões já carregavam antes da emigração. O caso dos galegos ilustra bem essa questão, pois esse grupo já era estigmatizado em seu próprio país. A Galícia atualmente é uma região que, assim como toda a Espanha, alcançou ótimos patamares de modernização e desenvolvimento. No entanto, até os anos 50, os galegos sofriam com a classificação dada pelos espanhóis de outras regiões de ser os mais ignorantes e incultos da Espanha. Quando buscavam oportunidades em Portugal, país que faz divisa com a Galícia, já eram tratados com adjetivações de "incivil" e de "*hombre de baja condición*". No Brasil, quando queriam menosprezar e provocar os portugueses, atribuíam-lhes a denominação de galegos (BACELAR, 1994: 31). Os espanhóis residentes em Salvador, por marcar presença na comercialização de alimentos e bebidas, eram genericamente representados como exploradores. A eles era atribuída a culpa pelos altos preços nas padarias e armazéns. (BACELAR, 1994:177-178)

Os espanhóis sofriam muito com o preconceito de classe. Estereótipos que evidenciassem sua miséria e sua falta de instrução eram mais freqüentes do que aqueles de caráter étnico. O fato de ser, em geral, mais pobres e menos instruídos do que os imigrantes de outras nacionalidades corroborava essa situação de preconceito.

Em determinados momentos da história do Brasil, as manifestações de preconceito racial foram legitimadas pelo Estado republicano, interessado em selecionar o imigrante ideal para compor a população brasileira. Durante o primeiro governo de Getúlio Vargas (1930-1945), por exemplo, um conjunto de leis foi promulgado com o objetivo de controlar os fluxos imigratórios, favorecendo a entrada de europeus no Brasil. Estes – pelo fato de ser da raça branca – eram preferidos pelas autoridades oficiais sob a alegação de que poderiam contribuir para o processo de "branqueamento" do povo. Com esse propósito foi aprovado o artigo 121, parágrafos 6º e 7º, da Constituição de 1934, que impunha restrições à entrada de imigrantes no território nacional garantindo "a integração étnica". Instituía-se o sistema de cotas por nacionalidade que não deveria exceder, anualmente, o limite de 2% sobre o número total dos respectivos nacionais fixados no Brasil durante os últimos 50 anos. O artigo 7º vedava a concentração de imigrantes em qualquer ponto do território nacional, com o objetivo de evitar a formação de "quistos raciais".

Durante o Estado Novo – e mais precisamente a partir de 25 de maio de 1937 – o Ministério das Relações Exteriores emitiu a

Ordem de Serviço nº 25 com o intuito de "impedir, quanto possível, a entrada no Brasil de imigrantes israelitas sem nacionalidade, e também de apátridas". Uma série de circulares secretas foram emitidas entre 1937-1948 reforçando as práticas anti-semitas por parte do governo brasileiro. Endossavam estas propostas os ministros Mário de Pimentel Brandão, Francisco Campos e Oswaldo Aranha. Podem ser citados também Ernani Reis, secretário do Ministério da Justiça e Negócios Interiores, Dulphe Pinheiro Machado, diretor do Departamento Nacional de Povoamento, e Jorge Latour, diplomata de carreira, encarregado de negócios do Brasil em Varsóvia. (TUCCI CARNEIRO, 2001:113)

Além dessa elite política, vários intelectuais brasileiros defendiam a idéia de que o Brasil só seria uma nação moderna se reduzisse a presença dos negros em sua sociedade, assim como de imigrantes japoneses e judeus. Uma política eugênica foi proposta por médicos, psiquiatras, sanitaristas e sociólogos como solução para o problema racial que comprometia o futuro da nação. Vários desses profissionais foram convidados a publicar seus estudos na *Revista de Imigração e Colonização*, periódico que circulou entre 1940 e 1954, como porta-voz da política imigratória "seletiva", sustentada pelo Conselho de Imigração e Colonização (CIC), criado por Vargas em 1938. Colaboraram nessa revista: Oliveira Vianna, Dulphe Pinheiro Machado, Miguel Couto, Antônio Xavier de Oliveira, além de vários membros do CIC. Fica evidente que interessava ao governo brasileiro incentivar a entrada de imigrantes europeus de cultura latina – italianos e portugueses, principalmente –, visto que eles "se integravam rapidamente à realidade nacional", segundo versão oficial. Os espanhóis, sob esta perspectiva, eram também bem-vindos, pois, afinal, eram brancos e católicos por tradição. Mas isso não quer dizer que eram plenamente aceitos como "imigrantes ideais" pelo Estado varguista que fazia sérias restrições aos adeptos de ideologias tratadas como exóticas, como o comunismo, o anarquismo e o socialismo (idem).

Na era Vargas, a valorização do nacionalismo fez com que o imigrante fosse visto como aquele que interferia no desenvolvimento de uma nação única e coesa. As comunidades de imigrantes que conservavam suas tradições culturais, e por isso não se adequavam ao desejo de assimilação e integração, passaram a ser avaliadas como "quistos" raciais e culturais. Para o governo Vargas, esses grupos ameaçavam o projeto de construção da identidade nacional. Esse não era o caso dos imigrantes espanhóis identificados por sua dispersão pelo território nacional. No entanto, tornavam-se "indesejáveis" enquanto grupo político identificado por suas idéias de esquerda.

Em 1938, o autoritarismo que comandava a política brasileira somou forças ao nacionalismo exacerbado, resultando num decreto que proibia as práticas de atividades políticas por parte de estrangeiros no Brasil. Em novembro desse mesmo ano, as leis de nacionalização do ensino proibiram o uso de idiomas e subsídios estrangeiros nas escolas. Grupos de estrangeiros cujas culturas eram mais distintas da nacional – principalmente alemães e japoneses – passaram a ser vistos como empecilhos à formação de um modelo nacional.

Certidão de Registro de Genoveva Ciudad Elena, espanhola que se estabeleceu no município de Lutécia, oeste do estado de São Paulo. De acordo com o Decreto nº 3.010, de 1938, os estrangeiros deveriam se apresentar ao Serviço de Registro de Estrangeiros ou à polícia local para ser identificados. Essa foi uma das medidas adotadas pelo governo Vargas para controlar as atividades dos estrangeiros no Brasil. (Acervo de família)

O fato de os estrangeiros permanecerem falando seus idiomas e cultivarem seus costumes no Brasil foi interpretado como "recusa à integração com a sociedade brasileira". O imigrante bem-vindo era aquele que não se envolvia em questões políticas e apresentava-se disposto a integrar-se à sociedade brasileira. Isso significava falar o português e adotar novos costumes.

Mesmo nos anos 50 do século 20, um período democrático e de desenvolvimento econômico, os órgãos de governo responsáveis pela imigração se preocuparam em controlar a entrada de estrangeiros no Brasil. No discurso das elites e do governo, a imigração tinha sido desordenada nas décadas anteriores, e seria necessário estabelecer um rígido controle a partir daquele momento. A busca por um imigrante que contribuísse para o progresso do país se fazia no sentido de facilitar a entrada de espanhóis cujas profissões se relacionassem à indústria. Mesmo assim, sabemos que grande parte dos espanhóis que vieram nesse período não correspondiam ao tipo desejado pelo governo, sendo agricultores sem formação especializada.

A relação entre espanhóis e brasileiros nem sempre foi marcada pela integração e harmonia, tornando-se, por vezes, tensa. Quando isso ocorria, preconceitos de ambos os lados geravam discursos de intolerância e exclusão. Os galegos em Salvador, por exemplo, eram vistos pela população majoritariamente negra como brancos de língua enrolada e "piores" do que os portugueses, já que recebiam o estigma de enriquecer à custa dos brasileiros. Eram vistos como sovinas e miseráveis, pois nos primeiros tempos, para guardar as economias, se privavam de gastar com objetos de primeira necessidade, como as vestimentas.

Os atritos entre os imigrantes de diferentes etnias também ficaram na memória de muitos espanhóis. Dizia-se que os espanhóis não gostavam dos italianos e vice-e-versa. Esses atritos, geralmente, eram o resultado de discordâncias ocorridas no cotidiano do trabalho e nas relações de hierarquia dentro das fábricas. Por outro lado, havia também manifestações de abuso de poder por parte de certos grupos que não simpatizavam com os cidadãos provenientes da Espanha.

Preconceito é uma palavra que serve para designar o sentimento que alguns espanhóis nutriam, ao menos num primeiro momento, pelos brasileiros. O preconceito com relação aos negros atingia boa parte da comunidade hispânica. Nos depoimentos dos imigrantes que chegaram a Salvador, pode-se constatar a surpresa que tinham ao se deparar com a população negra da cidade. Muitos espanhóis viram pessoas negras pela primeira vez em suas vidas quando chegaram à cidade. (BACELAR, 1994:90)

De maneira geral, os espanhóis também criavam seus estigmas, perpetuando preconceitos adquiridos na Espanha ou criando outros com relação aos brasileiros. Aqueles que vinham em busca de ascensão econômica, mesmo sofrendo toda espécie de preconceito da elite brasileira, não acreditavam estar em pé de igualdade com os pobres do país. Muitos se consideravam superiores aos brasileiros, julgando-os como cidadãos de segunda classe.

Integração em debate

A integração de todo imigrante, vindo ele de uma cultura próxima ou distante do país escolhido, requer um esforço de ambas as partes: dele e daqueles que o recebem. É necessário que boa parte da sociedade do país receptor aceite positivamente a entrada e a integração dos estrangeiros. Sem isso, acaba por ocorrer a intolerância e a aversão, que podem se manifestar sob as formas já mencionadas.

A idéia recorrente nos poucos estudos existentes sobre os imigrantes espanhóis é a de que eles se integraram com maior facilidade à sociedade brasileira, se comparados aos estrangeiros de outras nacionalidades. Utilizamos aqui a palavra integração, pois a consideramos mais apropriada para avaliar a experiência dos espanhóis no Brasil.

Na convivência com a sociedade brasileira, os espanhóis foram envolvendo-se com a cultura nacional, e um dos exemplos mais curiosos dessa inserção está na simpatia que grande parte deles dedicava, e ainda dedica, a um símbolo de nossa identidade nacional: o futebol. Há registros de que os espanhóis rivalizavam com os italianos quando o assunto eram as partidas de futebol. Os espanhóis torciam pelo Corinthians, quase sempre travando com os italianos do Palestra Itália – que viria a se transformar no Palmeiras – disputas e discussões. Como vemos, a paixão pelo futebol não é privilégio dos brasileiros.

Em vista da grande quantidade de livros escritos sobre a imigração italiana, podemos dizer que há certo silêncio sobre a imigração espanhola, apesar de eles terem constituído a terceira força imigratória do país, só perdendo para os portugueses e italianos. Esse silêncio pode ser percebido também na mídia. Muitas novelas cujos temas principais eram a imigração e a presença italiana no Brasil foram realizadas nos últimos tempos. As histórias criadas para ser vistas pelo público brasileiro sempre trazem menção à experiência da imigração espanhola no país, mas esta não chega a ser protagonista, assim como os personagens espanhóis também não o são.

Tentar recuperar a trajetória dos espanhóis em território brasileiro apresenta-se a qualquer pesquisador como uma tarefa ousada, já que empecilhos à empreitada ocorrem sob a forma de ausência ou dificuldade no encontro das fontes. Se, por um lado, as fontes oficiais não nos possibilitam saber o número exato de espanhóis que adentraram o país, por outro, o esforço de juntar as parcas informações que se tem com o relato da experiência dos próprios imigrantes faz com que montemos um quebra-cabeça, cujo resultado é a compreensão de boa parte dessa história.

Apesar da imprecisão das fontes oficiais, sabemos que, com boa vontade e esforço, é possível resgatar fragmentos importantes da experiência dos imigrantes espanhóis no Brasil. Entrevistar homens e mulheres que passaram pela experiência do deslocamento, por exemplo, constitui uma ótima oportunidade de viajar pelo tempo e compreender como se deu o processo de integração dessas pessoas no Brasil.

Quando se pergunta a um imigrante espanhol que tenha passado quase toda a sua vida no Brasil se ele gostaria de retornar à

Espanha, as respostas são as mais diversas, mas, seguramente, a maioria responde que não. Muitos espanhóis adquiriram o sentimento de missão cumprida e teriam condições de estabelecer-se novamente na Espanha, mas agora já não o fazem por opção. Embora guardem um carinho especial para com a pátria de origem, a maioria estabeleceu vínculos com o Brasil, ao ter filhos e netos brasileiros.

A decisão de não retornar à Espanha não significa o esquecimento nem a indiferença com relação a suas origens, mas, sim, o desejo de não deixar para trás uma história construída com muito esforço e trabalho. O depoimento a seguir, sintetiza, a nosso ver, a reflexão que os imigrantes fazem acerca de sua trajetória no Brasil e o pensamento sobre o possível retorno a seu país de origem:

Nós sofremo muito e trabalhamo muito, mas a vida aqui era melhor que na Espanha. O meu pai não pensava em voltar, ele queria comprar uma terra para nós trabalhar à vontade, por conta da gente, mas ele não conseguiu comprar um sitinho porque ficou doente e morreu, mas se pudesse ir para a Espanha, eu ia só passear, para ficar não, não ficava mais lá. Agora já estou com 83 anos e não tenho condições de ir para lá. Eu queria escrever para o Silvio Santos para ver se ele dava uma passagem para mim. Chegando em Gibraltar eu sei tudo. Mudou tudo, né, mudou as cidades, mas eu sei o nome, sei o nome do trem que tem que pegar. De Granada, vai a Cuejas Veja, aí pega o ônibus, que chama bonde elétrico. De Granada a Cuejas Veja tem 8 quilômetros. Parece que estou vendo tudo lá, eu conheço tudo lá. Seria bom voltar lá! Se eu fosse lá, nossa! Mas ia chegar lá e não ia achar mais ninguém do meu tempo porque nona Carmen já morreu, meu avô já morreu e meus tios acho que morreram também. Mas eu queria ir lá conhecer algum parente. Nossa! Vontade eu tenho! Eu vejo o Silvio Santos falando tanta coisa na televisão, puxa vida, eu não tenho sorte para isso. Mais, se eu pudesse, eu voltava, mas só para passear. (Depoimento de Miguel C. a Cintia Stela Negrão Berlini. In: BERLINI, 1999:122.)

Diante do que foi exposto, podemos concluir que, com o passar dos anos, os espanhóis foram se incorporando à sociedade brasileira e contribuindo para a formação de um país com características culturais tão diversificadas como é o Brasil na atualidade. Não restam dúvidas de que os espanhóis ajudaram a enriquecer e alegrar nossa cultura, contribuindo para uma realidade mais plural e humana. Contrariando os pensamentos de intolerância e preconceito que sempre existiram acerca do diferente, consideramos impossível definir o Brasil sem a presença dos migrantes e imigrantes. Afinal, deve ser motivo de orgulho de todo brasileiro fazer parte de um país que só se configurou como tal pela mistura de etnias, culturas, hábitos, sotaques, músicas...

Espaços da memória

Várias são as maneiras de saber um pouco mais sobre a história da imigração espanhola no Brasil. Além da leitura dos livros sugeridos na bibliografia, uma entrevista ou uma simples conversa informal com um imigrante pode revelar muito da experiência vivenciada pelos espanhóis no Brasil.

Locais que podem ser visitados também se apresentam como "espaços da memória" da presença espanhola no Brasil. Já mencionamos as sociedades espanholas fundadas nas cidades que receberam grandes contingentes de espanhóis. Algumas delas permanecem ativas ainda hoje, realizando eventos culturais, como festas e exposições. Em São Paulo, a Sociedade Hispano-Brasileira oferece cursos de língua espanhola e galega, além de aulas de *bailado flamenco*. Aliás, a associação conta com dois grupos de dança, um *flamenco* e outro galego. Em diversas datas comemorativas, realizam-se eventos e festas que podem ser prestigiados não apenas pelos imigrantes.

O Memorial do Imigrante – estabelecido na antiga Hospedaria dos Imigrantes e localizado no bairro do Brás, em São Paulo – é um espaço destinado à preservação da memória dos imigrantes de várias nacionalidades. Lá podem ser vistas exposições sobre o cotidiano dos estrangeiros em sua breve estadia na hospedaria. O memorial também disponibiliza informações sobre seus arquivos, que guardam os registros sobre os imigrantes que passaram pela hospedaria e sobre a chegada dos imigrantes no Porto de Santos.

São Paulo, enquanto "capital da gastronomia", não poderia deixar de oferecer alguns dos pratos típicos da culinária espanhola, distinta por seus gostos e sabores regionais. Muitos são os restaurantes especializados em comida espanhola. Conhecidos por suas *paellas*, os restaurantes Don Curro e La Coruña se destacam pela qualidade e refinamento de seus pratos.

São Paulo também conta com uma instituição educacional fundada por um grupo de espanhóis radicados em São Paulo: o Colégio Miguel de Cervantes, que se constitui, desde 1978, como uma empresa hispano-brasileira de caráter particular. O colégio, que contou com o auxílio da Administração Educativa Espanhola, tem como um de seus pilares a difusão da língua e cultura espanholas.

Outros espaços podem ser aqui citados, não como representativos da imigração espanhola para o Brasil, mas como ambientes que nos remetem à história da Espanha. O Museu de Arte Contemporânea de São Paulo, na capital paulista, possui um extraordinário acervo de renomados artistas espanhóis. Lá pode-se apreciar obras de El Greco, Zurbarán, Velazquez, Murillo e Goya, expoentes da pintura espanhola.

Por fim, caberia relacionar uma série de endereços eletrônicos que contêm informações relevantes sobre as associações espanholas, escolas e instituições que compõem espaços da memória da imigração espanhola no Brasil.

Associações espanholas
www.sociedadehispano.com.br
www.centroespanhol.com.br
www.sciedadeespanhola.com.br
www.casadeespanha.com.br
www.gremioespanhol.com.br
www.caballeros.com.br

Colégio Miguel de Cervantes
www.cmc.com.br

Consulado Geral da Espanha
em São Paulo www. consuladoespanasp.org.br

Hospital Espanhol de Salvador
www.hospitalespanhol.com.br

Memorial do Imigrante
www.memorialdoimigrante.sp.gov.br

Sobre as relações Brasil X Espanha
www.brasilespanha.com.br

CRONOLOGIA

Imigração espanhola no Brasil

1888 – Abolição da Escravatura no Brasil, consolidando o processo de imigração européia iniciada nas décadas anteriores.

1890-1894 – Período, no século 19, de maior fluxo de emigração espanhola para o Brasil.

1894 – Fundado o jornal *La Iberia*, provavelmente o primeiro periódico voltado para a comunidade espanhola no Brasil.

1895 – Fundação do Centro Español na cidade de Santos, provavelmente a primeira associação espanhola do Brasil.

1898 – Fundação da Sociedade Espanhola de Socorros Mútuos em São Paulo, a primeira das inúmeras sociedades assistenciais fundadas pela comunidade espanhola na cidade de São Paulo.

1895-1898 – A Espanha promove diversas guerras, tentando evitar a independência de suas colônias. Soldados espanhóis lutam nas Filipinas e em Cuba, o que não impede o país de perder suas últimas possessões coloniais. A crise econômica se agrava e é um dos fatores que geram a emigração para a América.

1910-1914 – Período de intenso fluxo da imigração espanhola em que, juntamente com aquele ocorrido ao final do século 19, ocorre a primeira onda do processo imigratório espanhol no Brasil.

1910 – Promulgação de um decreto do governo espanhol proibindo a emigração de espanhóis para o Brasil com passagens subsidiadas pelo governo brasileiro, devido às freqüentes denúncias de maus-tratos sofridos pelos imigrantes nas fazendas de café.

1917 – A morte do espanhol Jose Ineguez Martinez, na cidade de São Paulo, é o estopim que deflagra a greve operária que contou com a liderança dos anarquistas, e é lembrada como um dos movimentos reivindicatórios paulistas mais expressivos do início do século 20.

1918 – Fundação do Centro Republicano Espanhol de São Paulo, associação que reunia imigrantes simpatizantes da República Espanhola, cujas atividades políticas eram encaradas pelas elites como subversivas. Essa associação reunia espanhóis que atuavam nos movimentos políticos e sociais na cidade de São Paulo.

1936-1939 – Período de duração da Guerra Civil Espanhola. A tentativa de golpe militar para destituir a República Espanhola gera uma forte mobilização, tanto dos legalistas republicanos quanto dos que apóiam os revoltosos, o que dá início ao conflito que adquire proporções internacionais. Os nacionalistas liderados por Francisco Franco, recebem apoio de Mussolini e do líder nazista Adolf Hitler e vencem a guerra. Nesse período, a emigração para o Brasil cessa devido às dificuldades que impossibilitavam os cidadãos de deixar o território espanhol.

1937 – Muitos imigrantes espanhóis no Brasil direcionam suas atenções para os acontecimentos da Espanha. Ocorreram manifestações de apoio a ambos os lados conflitantes na Espanha, mas com maior ênfase na defesa da República Espanhola. Foram criadas diversas associações com o objetivo de prestigiar a República da Espanha e seus ideais. Assim, com exceção do Centro Republicano Espanhol de São Paulo, que fora criado em 1918, surgiram centros republicanos nas cidades de Sorocaba, Campinas e Porto Alegre. Nesse ano foi criado o Comité Central de Propaganda de España Republicana, que promoveu diversas atividades para arrecadar auxílio material a ser enviado às vítimas do conflito civil espanhol. Em novembro, a polícia política determinou o fechamento de diversas sociedades espanholas do estado de São Paulo, sob a alegação de que essas entidades ameaçavam a ordem nacional por aglutinar "extremistas" e "indesejáveis". Nesse mesmo ano, houve a criação do programa radiofônico *Hora Hispano-Brasileira de Espanha Republicana*, transmitido pela Rádio Educadora Paulista.

1939-1940 – Milhares de refugiados republicanos procuram abrigo nos países europeus e americanos. Na América, somente o México aceita receber os espanhóis republicanos na condição de exilados.

1942-1945 – O governo de Francisco Franco, na Espanha, oferece apoio indireto ao Eixo durante a Segunda Guerra Mundial, mas não se envolve diretamente no conflito, para decepção de Hitler e Mussolini. Em 1945, a Espanha não é aceita na recém-criada Organização das Nações Unidas (ONU), pois os países-membros repudiam o governo franquista por seu caráter autoritário e por ter mantido relações de amizade com o nazismo e o fascismo.

1945 – No Brasil, fim do Estado Novo e criação da Associação dos Amigos do Povo Espanhol (Abape), entidade que visava organizar manifestações de repúdio à ditadura franquista, contou com a participação tanto de espanhóis quanto de brasileiros.

1946 – No Brasil, sob a orientação dos trabalhadores do Porto de Santos, dos quais muitos espanhóis, inicia-se uma greve que paralisou as atividades portuárias. O movimento iniciou-se por ocasião dos protestos dos trabalhadores que, em atitude de repúdio à ditadura de Francisco Franco, se negaram a carregar ou descarregar os navios que tivessem a Espanha como destino ou procedência.

1946-1964 – Período em que ocorreu a segunda onda de emigração espanhola para o Brasil. Assim como na primeira onda, cerca de 80% dos espanhóis se fixaram no estado de São Paulo. Apesar de as condições econômicas da Espanha darem os primeiros sinais de melhora, a situação do povo espanhol permanecia ruim, decorrente das conseqüências da guerra civil e do embargo comercial promovido pelos países que condenavam a ditadura franquista.

1949 – A Espanha é aceita como integrante da ONU, apesar de a organização condenar o autoritarismo franquista.

1964 – A partir desse ano a emigração espanhola para o Brasil fica reduzida sensivelmente, até praticamente se extinguir nos anos 70. O fator explicativo principal para essa diminuição do processo emigratório é a recuperação econômica da Espanha.

1975 – Morte de Francisco Franco e início do processo de democratização da Espanha.

1990-2005 – Período de grande afluxo de capital de empresas espanholas, que passam a investir no Brasil.

BIBLIOGRAFIA

AGUIAR, Claudio. *Os Espanhóis no Brasil*. Rio de Janeiro: Tempo Brasileiro, 1991.

ALVIM, Zuleika. Imigrantes: a vida privada dos pobres no campo. In: SEVCENKO, Nicolau (org.) *História da Vida Privada no Brasil. Volume 3: República: da belle époque à era do rádio*. São Paulo: Cia. das Letras, 1998.

AMADO, Jorge. *Os Subterrâneos da Liberdade (II – A Agonia da Noite)*. São Paulo: Martins, 1970.

BARROS, Marcelo. Travessias na desordem global. Artigo do site www.migracoes.com.br.

BERLINI, Cintia Stela Negrão. *Espanhóis em Bauru: histórias de vida, 1896-1930*. Dissertação de mestrado em História. Assis: UNESP, 1999.

BACELAR, Jeferson. *Galegos no Paraíso Racial*. Salvador: Centro Editorial e Didático, Universidade Federal da Bahia (CED), IANAMÁ, 1994.

CAMPOS, Alzira Lobo de Arruda. *Estrangeiros e Ordem Social*. SP – 1926-1945. In: *Revista Brasileira de História*. São Paulo, ANPUH, v.17, n.33, 1997, p.228.

CÁNOVAS, Marília Klaumann. *Hambre de Tierra: Imigrantes espanhóis na cafeicultura paulista 1880-1930*. São Paulo: Lazuli Editora, 2005.

CARNEIRO, Maria Luiza Tucci. *Brasil, um Refúgio nos Trópicos: a trajetória dos judeus refugiados no nazifascismo*. São Paulo: Estação Liberdade, 1997.

_____, *O Anti-semitismo na Era Vargas*. 3. ed. São Paulo: Perspectiva, 2004.

DIAS, Eduardo. *Um Imigrante e a Revolução: memórias de um militante operário (1934-1951)*. São Paulo: Brasiliense, 1983.

GALINA, Lucia Rivero. *Centro Español y Repatriación de Santos: 1895-1919*. Monografia. Santos: Universidade Católica de Santos, 1990.

GALLEGO, Avelina Martinez. *Os Espanhóis em São Paulo: presença e invisibilidade*. Dissertação de Mestrado em Ciências Sociais. São Paulo: PUC, 1993.

GATTAZ, André Castanheira. *Braços da Resistência: uma história oral da imigração espanhola*. São Paulo: Xamã, 1996.

GRINBERG, Leon, e GRINBERG, Rebeca. *Psiccanalisis de la Migracion y del Exílio*. Madrid: Alianza Editorial, 1984.

GUIMARÃES, Lucia Maria Paschoal. *Breves reflexões sobre o problema da imigração urbana. O caso dos espanhóis no Rio de Janeiro (1880-1914)*. In *Acervo: Revista do Arquivo Nacional*. Rio de Janeiro: Arquivo Nacional, v. 10, nº 2 (jul/dez. 1997), 1998, p.179-198.

HECK, Marina, BELLUZZO, Rosa. *Cozinha dos Imigrantes: memórias e receitas*. São Paulo: Fundação Memorial da América Latina, 1999.

KLEIN, Herbert S. *Imigração Espanhola no Brasil*. Série Imigração. São Paulo: Sumaré, FAPESP, 1994.

MACIEL, Laura Antunes; ANTONACCI, Maria Antonieta Martinez. *Espanhóis em São Paulo: modos de vida e experiências de associação*. In *Revista do Programa de Estudos Pós-graduados em História (PUC/SP)*. São Paulo: PUC, nº 12, 1995, p.173-192.

MARTINS, José de Souza. *A imigração espanhola no Brasil e a formação da força de trabalho na economia cafeeira: 1880-1930*. In *Revista de História*. São Paulo: Ago/dez, 1989.

MEIHY, José Carlos Sebe Bom; BERTOLLI, Claudio. *A Guerra Civil Espanhola*. Coleção História em Movimento. São Paulo: Ática, 1996.

MORAES, Maria Candelária Volponi. *Centro Democrático Espanhol: um pedaço da Espanha no coração de São Paulo. Centro de Cultura e Resistência ao Franquismo 1957-1975*. Dissertação de mestrado. São Paulo: PUC, 1997.

PERES, Elena Pájaro. *A Inexistência da Terra Firme: a imigração galega em São Paulo (1946-1964)*. São Paulo: EDUSP/FAPESP/Imprensa Oficial, 2003.

_____ *Proverbial hospitalidade? A Revista de Imigração e Colonização e o discurso oficial sobre o imigrante (1945-1955)*. In *Acervo: Revista do Arquivo Nacional*. Rio de Janeiro: Arquivo Nacional, v.10, nº 2, jul/dez.1997, 1998, p.53-70.

_____ *A experiência do deslocamento*: propostas para a interpretação das lembranças da imigração galega no pós-guerra. In MALEVAL, Maria do Amparo Tavares (org.). *Estudos Galegos*, nº 2. Niterói: EDUFF; Rio de Janeiro: EDUERJ, 1998, p. 215-220.

RIBEIRO, Mariana Cardoso Santos. *Venha o Decreto de Expulsão: a legitimação da ordem autoritária no Governo Vargas (1930-1945)*. Dissertação de mestrado. SP: USP, 2003.

SOUZA, Ismara Izepe de. *República Espanhola: um modelo a ser evitado*. Série Inventário DEOPS – Módulo Espanhóis. São Paulo: Arquivo do Estado/Imprensa Oficial, 2001.

_____. *"Adiós Compañeros": Os espanhóis expulsos durante a era Vargas (1930-1945)*. In *Revista Histórica,* ano 3, nº 4. São Paulo: Arquivo do Estado, 2001, p.35-39.

_____. TAVARES, Rodrigo Rodrigues. *Entrevista com Julia Garcia*. In *Revista Seminários*, nº 1. São Paulo: Arquivo do Estado/Imprensa Oficial, 2002, p. 33-44.

_____. *Solidariedade Internacional: A comunidade espanhola do Estado de São Paulo e a polícia política diante da guerra civil da Espanha (1936-1946)*. São Paulo: Humanitas *(no prelo)*.

TAVARES, Rodrigo Rodrigues. *O Porto Vermelho: a maré revolucionária (1930-1951)*. In DEOPS: Módulo VI – Comunistas. São Paulo: Arquivo do Estado/Imprensa Oficial, 2001.

Sites:
www.migracoes.com.br
www.brasilespanha.com.br

BIBLIOGRAFIA

Ismara Izepe de Souza é natural de São Caetano do Sul, São Paulo. É mestre e doutoranda em História Social pela Universidade de São Paulo. Integrou como pesquisadora a equipe do PROIN – Projeto Integrado Arquivo/Universidade. Atuou como professora orientadora do PEC-Municípios, vinculado à Faculdade de Educação da Universidade de São Paulo, e como professora de Ética e Cidadania na Escola Técnica Estadual "Júlio de Mesquita" em Santo André – SP. Atualmente leciona História na rede particular de ensino e desenvolve tese de doutorado acerca das relações internacionais entre Brasil e Espanha (1930-1960), sob orientação da Dra. Maria Luiza Tucci Carneiro. É autora dos livros: República Espanhola: um modelo a ser evitado (São Paulo: Arquivo do Estado/Imprensa Oficial, 2002) e Solidariedade Internacional. A comunidade espanhola do Estado de São Paulo e a polícia política diante da Guerra Civil da Espanha. (São Paulo: Humanitas; FAPESP, 2005).

CTP, IMPRESSÃO e ACABAMENTO

Av. Alexandre Mackenzie, 619 - Jaguaré - SP - CEP 05322-000
Tel.: (11) 6099 7799 (PABX) - ramais 1408 - 1411 - São Paulo - Brasil